Self Help

—

超訳 自助論
自分を磨く言葉
エッセンシャル版

—

三輪裕範 編訳

Discover

編訳者まえがき

『自助論』はイギリスの著述家でありジャーナリストでもあったサミュエル・スマイルズ（1812－1904年）が、今から165年前（1858年）に出版した世界的ベストセラーで、今でも世界中で非常に多くの読者に読まれ続けている自己啓発書の白眉とも呼ぶべき名著です。

明治時代にミリオンセラーになった本

『自助論』は「19世紀の後半にイギリスで出版されたノンフィクションの中で最も人気のあった書籍の一つ」と言われています。

出版から1年で2万部、そして著者のスマイルズが出版から45年後に亡くなるまでの間に25万部以上がイギリスで売れたと言われています。現在の感覚からすれば1年で2万部、45年で25万部というのはそれほど驚くべき数字には思えないかもしれません。しかし、当時の出版界においてはまさに破格とも言える販売数でした。

また、『自助論』は英語だけでなく、フランス語、ドイツ語、イタリア語、スペイン語、アラビア語、トルコ語など、数多くの外国語に翻訳されて世界各国で出版されました。そのように翻訳されて出版された国の一つが、当時開国して間もない明治初期の日本だったのです。

明治4年（1871年）に中村正直《まさなお》の翻訳によって『西国立志編』というタイトルで出版されました。

『西国立志編』は、福沢諭吉の『学問のすゝめ』とともに、青雲の志高く向上心に燃えた明治期の青年たちから熱狂的な支持を受け、明治末までには累計で100万部を超える驚天動地の大ベストセラーになりました。明治初期の日本の総人口が約3500万人ですから、現在の感覚で言えば数百万部を優に超える空前絶後のスーパーベストセラーになったわけです。

日本でこのような大ベストセラーになった大きな理由の一つは、『自助論』（及びその翻訳本である『西国立志編』）に通底するテーマや思想が、西洋列強に負けないような立派な国をつくり上げていこうとした当時の日本人の時代精神と見事に合致し、大いに共鳴したからでした。

実際、明治時代に大を成した事業家や政治家で『西国立志編』の影響を受けなかった人はいなかったと言われるぐらい、日本社会に大きな影響を与えたのです。


では、『自助論』全編に通底するテーマとは何なのでしょうか。

それは冒頭に出てくる「天は自ら助くる者を助く」という有名な言葉に象徴される自主独立の精神です。スマイルズはまさに、この言葉の正しさを例証するためにこの本を書いたと言ってもいいぐらいです。


『自助論』では有名無名を問わず、社会の様々な分野で成功した人々に関する極めて興味深いエピソードや印象に残る数多くの言葉が紹介されています。そこで取り上げられた人たちは、皆、勤勉、努力、忍耐、粘り強さ、誠実さなどといった人格的美徳によって成功をつかんだ人たちです。

本書では、紙幅の関係から残念ながら省かざるを得なかったエピソードもありますが、よくもこれだけ多くの人たちの有益で興味深いエピソードや言葉を集めることができたものだと感心せずにはいられません。そうした圧倒的な事例の豊富さはまさに『自助論』の大きな魅力の一つになっています。

自己啓発書の元祖

もっとも、今のように「コスパ」（コスト・パフォーマンス）や「タイパ」（タイム・パフォーマンス）が最優先される時代においては、勤勉、努力、忍耐、粘り強さ、誠実さといった徳目を少し古臭いとお感じになる方もいらっしゃるかもしれません。

しかし、ここで再認識しておかなければならないことがあります。それは今でも様々な自己啓発書が手を替え品を替え数多く出版されていますが、そうした自己啓発書に書かれていることの多くは、スマイルズがすでに165年前にこの『自助論』の中で詳述していたものだという事実です。

つまり、現在出版されている自己啓発書の多くは、基本的には『自助論』の内容を焼き直したものであり、その意味では『自助論』は自己啓発書の元祖だと言っても過言ではないでしょう。現在出版されている自己啓発書の多くは、スマイルズが説いた勤勉、努力、忍耐、誠実などといった徳目をいかに実行したらいいのか、あるいはそれらを習慣化するにはどうしたらいいのかという具体論を中心に書かれているだけです。

いつの時代も本当に大切なことは変わらない

私たちが生きる今という時代は、効率が何にも増して重要視される一方、自らは積極的に努力しようとせず、また辛いことや苦しいことを極度に嫌がり避ける風潮が非常に強くなっているように思います。

そのように自ら努力せず、苦労せずにすぐに良い結果を得られることを望む「即時結果」や「即時満足」を求める時代だからこそ、スマイルズが説いた一見古臭い「自助の精神」によって、愚直に、勤勉に、そして誠実に努力することが、より新しい現代的価値を持って心に響いてくるのではないでしょうか。

どんなに時代が移り変わったとしても、世の中で成功するために、そして幸せに生きるために必要なこと、なすべきこと、心がけるべきことに大きな違いはありません。スマイルズが勤勉、努力、忍耐、誠実さなどの人格的徳目の重要性を説いたのは165年も昔のことですが、今もこれらの重要性にはいささかの揺らぎもありません。

いつの時代でも、平凡を非凡に変え、非凡を偉大に変えるのは、誠実に、勤勉に努力し続けることに尽きます。そのことを、これほど説得力豊かに教えてくれる本はほかにありません。

三輪裕範

超訳　自助論　**目次**

II 勤勉の精神

III 自ら好機をつくる

IV 才能と精進

V 勇気と気概を持って前進せよ

VI 勤勉に、正確に、誠実に

VII お金と美徳

VIII 自己研鑽の精神

IX 模範となる人々

X 人徳を身につける

191 立派な人格は富よりも遥かに貴い
192 人格は力である
193 善を行い悪に抵抗する人間的強さを身につける
194 高みを目指せ
195 努力は決して裏切らない
196 誰も見ていなくても、常に正しい行動をする
197 美徳とは日々の正しい行動の集大成である
198 習慣の力は強力である
199 物事の明るい面を楽天的に見る
200 思いやりを持ち礼儀正しく接する
201 人は違って当たり前と受け入れる
202 激しい言葉は癒しがたい心の傷を残す
203 心豊かな人は、貧しくても実際にはすべてを持っている
204 真の勇気と優しさは一体である
205 他者に親切であれ

I 自助の精神

001

自分で努力してこそ成長できる

「天は自ら助くる者を助く」

これは、今までに人類が経験してきたあらゆる成功と失敗の体験を凝縮した言葉である。まさに、そこには人類の英知が刻まれているのである。

安易に人に頼ることなく、自分で努力するという自助の精神こそが、人と国家を成長させるのだ。

002

頑張りは自分への応援である

誰かから助けられてばかりいると、人はどうしても弱くなってしまう。

しかし、まずは自分の力で何とかしようと頑張ってみることは、結果として自分を勇気づけ、元気づけてくれる。

助けられれば助けられるほど、人は自分で何とかしようと頑張る気持ちをなくしてしまう。誰かの役に立つことは素晴らしいことだ。しかし、助けすぎることは甘やかすことにもなってしまう。

003

制度だけ変えても人は変わらない

昔から、幸福や繁栄は法律などの制度の力によってもたらされると考えられてきた。だから、優れた制度ができれば、すべてはうまくいくと信じている人が多い。

しかし、どんなに厳格な法律ができても、怠け者が働き者に変わったり、浪費家が倹約家になったり、酔っ払いが酒をやめられるわけではない。

変えるべきは制度ではなく個人の行動である。一番大切なことは、一人ひとりが自らの努力で、自身の行動を変えることである。

004

国民の力が国家を救う

国家の力だけで国民を救えると考えるのは、実に危険な幻想である。国民一人ひとりが自助の精神によって人格を向上させないかぎり、国家はいつまでも道徳的無知や利己主義などの悪徳から逃れることはできないだろう。

005

名もなき人たちこそが最大の貢献者である

いつの時代にも飛び抜けて優れた人はいる。しかし、そうしたいわゆる偉人と呼ばれる人たちよりも称えられるべきは、多くの無名の人たちである。国家や社会の発展に一番貢献してきたのは、名もなき市井《しせい》の人々なのだ。

大きな戦争でも将軍たちの名は覚えられている。しかし、戦争の勝利に一番貢献した名もなき兵士たちの勇気と英雄的行為については、まったく忘れ去られているのである。

006

自助の精神は無名の人々によって受け継がれる

戦争において無名の兵士たちが最も大きな貢献をしてきたのと同じように、世の中でも無名の人々こそが最も大きな貢献をしてきたのである。

こうした無名の人たちが毎日勤勉に働き、品行方正で実直な生活を送ることは、周囲の人々へのまたとないお手本となり、後世まで国の発展に大きく貢献することになる。なぜなら、自助の精神に基づいた勤勉で実直な生活態度や人生観は、自然と周りにも伝わるからだ。誰もが自助の精神を持って暮らしていけば、幸福な社会ができるはずだ。

007

学校教育で学べるのはほんの初歩

仕事をはじめ日々の体験から得られるものは、どんなに素晴らしい学校教育から得られるものよりも遥かに優れている。学校の教育は、毎日の実体験から学べることに比べると、ほんの初歩のことを教えてくれるに過ぎない。

家の中、街の通り、工場や農場、会社の中などで日々起こっていることを通じて学ぶことをドイツの作家シラー［*］は〝人類の教育〟と呼んだが、こうした実際の経験から学ぶことこそが最も大切なのだ。

＊ Johan Christoph Friedrich von Schiller（1759－1805）
ドイツの劇作家・詩人。代表作に『群盗』『ヴィルヘルム・テル』がある。ゲーテと並び、ドイツの国民詩人と称えられる。

008

役立つ知識は現実の観察によって得られる

普段の仕事やルーティンによって、克己心が養われ、正しい生活態度が身につき、人間性が磨かれる。

人生で最も大切な資質や態度は、本や受け身の学校教育からは決して学ぶことはできない。哲学者のベーコン[*]が言うように、「書物からの学問だけでは実際の役に立つような知識は得られない。現実に起こっていることをよく観察することによってのみ、そうした知識が得られるのだ」。

＊ Francis Bacon（1561－1626）
イギリスの哲学者、政治家。下院議員・検事総長・大法官などを歴任。主著『ノヴム・オルガヌム』で、観察・実験に基づく帰納法を主張して近代科学の方法を確立。実践哲学を説いた『随筆集』やユートピア物語『ニュー・アトランティス』を著す。

009

読書ではなく実際の生活が自己を完成させる

本を読むことではなく、働くことによってのみ自己を完成させることができる。私たちを向上させるのは文学ではなく、実際の生活である。学問ではなく、行動である。偉人伝の内容ではなく、そこに映し出された偉人たちの人間性である。

010

偉人の伝記を座右の書とせよ

読書よりも労働のほうが価値があるとはいえ、もちろん読むべき本も数多い。そんな中でも偉人の伝記は実に有益である。生きていく上での助けや指針として、また心を奮い立たせる起爆剤として、伝記には学ぶところが非常に多い。

特に優れた人物の伝記は、その高潔な生涯や志、自分自身と世界をより良いものへと改革していこうと願う溢れんばかりの情熱が生き生きと描かれており、それは福音書にも匹敵する素晴らしいものである。

011

どんな困難も絶対的な障害にはならない

科学にしろ、文学にしろ、芸術にしろ、どんな分野の偉人であれ、恵まれた環境の中で生まれ育った人ばかりではない。大学を出た人もいれば、たいした教育も受けずに工場や農場で働いてきた人もいる。また、掘っ立て小屋の出の人もいれば、豪邸に生まれた人もいる。実際、極めて貧しい境遇に生まれたにもかかわらず、最高位にまで上り詰めた人は数多い。

そうした人物の人生を見ていると、どんなに乗り越えがたいと思われる困難でも、決して絶対的な障害にはならないことがよくわかる。

012

意志さえあれば何でもできる

多くの場合、困難は逆に、人を助ける最大の援助者になる。なぜなら、人生における困難は労苦に耐える力を呼び起こしてくれるからであり、そうした困難に直面しなければ眠ったままになっていたかもしれない能力を目覚めさせてくれる。

障害を乗り越えて勝利を得た例は歴史上数多い。そのことを見事に表現しているのが、「意志さえあれば何でもできる」という言葉である。

013

勤勉に働く手と頭が富と成功をもたらす

人の優劣というのは、どれだけ精一杯努力してきたかで決まるものだ。どんな分野にしろ、怠けていては良い結果を得られるはずなどない。

富と成功を得るために必要なことはたった2つしかない。それは勤勉に働く手と頭である。自分を磨き、知性を向上させ、ビジネスで成功するには、この2つが不可欠なのだ。

014

知識や知恵は相続できない

どんなに裕福で高貴な家庭に生まれようとも、その人自身が精神を集中して全力を尽くさなければ確たる名声を得ることなどできない。なぜなら、土地は相続できても、知識や知恵は決して相続できないからである。そうした知識や知恵は、個人が懸命に努力して自ら獲得するしかないのだ。

015

能力や人格はお金では買えない

お金を払えば誰かに仕事をしてもらうことはできる。しかし、それはただ誰かに代わって作業をしてもらうだけである。

どんなに高額のお金を払ったとしても、他者の考える力を手に入れることはできないし、人格修養ができるわけでもない。優れた能力や磨き上げられた人格は、自らが懸命に努力して獲得する以外に手に入れる方法はないのである。

016

贅沢は人を怠惰にさせる

高い教養を身につけるには財産と安楽が必要だという考えは、まったくの間違いである。それは、いつの時代も私たちの社会が、貧困から身を起こした人々によって生み出されたものの恩恵を多大に受けてきたということを見ても一目瞭然である。

安楽や贅沢三昧の生活は、決して人生の困難に打ち勝つ力を与えてはくれない。それだけではなく、活力に満ちた充実した人生を送ろうという意欲さえも失わせてしまうのだ。

017

貧しいことは不幸ではない

貧困であることは決して不幸なことではない。自分で立ち上がろうとする自助の精神さえ失わなければ、それはむしろ恩恵であるとさえ言えるのだ。

貧困は人を人生の戦いへと立ち上がらせてくれる。もちろん、中には戦うことを放棄し、自堕落に陥ってしまう人もいるだろう。しかし、正しく誠実な心を持った人であれば、必ず強さと自信を得て大きな勝利をつかむことができる。

018

富の誘惑に打ち勝つ人こそ真の尊敬に値する

富は気ままで堕落した生活へと人を強く誘惑する。実際、私たちはそうした誘惑に極めて弱い存在である。

しかし、世の中には、豊かで恵まれた環境に生まれながらも快楽に満ちた生活に背を向け、苦労を惜しまず真面目に働き、自分のためではなく社会のために素晴らしい貢献をしている人が数多くいる。そうした人たちこそ真の尊敬に値する人たちである。

019

依存心と独立心は手を携えている

業績や名声は、勤勉な努力と熱意によるところが大きい。しかしその一方で、人生という旅においては他者からの援助も重要な意味を持っている。

詩人のワーズワース[*]は、そのことを次のように見事に言い表している。

「ここに2つのことがある。それらは互いに矛盾しているように思えるが、両者は互いに手を携えていかなければならない。その2つとは依存心と独立心である。言い換えれば、他者に頼ることと自分に頼ることである」

* William Wordsworth（1770-1850）
イギリスの詩人。自然の美と人間との霊交を歌い、ロマン主義復活の一時期をつくった。詩集に『序曲』『逍遙』などがある。

020

私たちは、他者からの恩恵を受けて生きている

私たちは皆、幼年期から老年期に至るまで、養育面でも教養面でも他者からの恩恵を受けて生きてきた。世の中にはそれを認めたがらない人もいる。しかし、立派で有能な人間ほど、そうした人生の厳粛かつ厳然たる事実をためらうことなく真っ先に認めるのである。

021

自助と他力のバランスをとる

『アメリカの民主政治』の著者として有名なフランスの政治家アレクシス・ド・トクヴィル[*]は名家の生まれだが、懸命に勉強することによって自らの力で自立することの重要性を最も信じていた人でもあった。

しかしそれと同時に彼は、他者からの援助や支援がいかに大切であるかということについても、誰よりも認識していたのである。

* Charles Alexis Henri Clérel de Tocqueville（1805－59）
フランスの政治学者、歴史家、政治家。1849年に外相になるも、ルイ＝ナポレオン（三世）のクーデターに反対して以後、歴史研究に専念。19世紀の代表的自由主義思想家とされる。著書に『アメリカの民主政治』『旧体制と大革命』など。

022

人格は小さなことの積み重ねでできている

人格というのは、数多くの細々としたことによって形づくられていくものだ。昔の人々が行った模範となる様々な行動、人生における実体験や文学、友人や隣人、さらには祖先の精神や現在生きている社会。これらすべての遺産を私たちは継承するだけでなく、それらから大きな影響を受けているのである。

023

自分自身の最良の支援者であれ

ただ、ここで忘れてはならないことがある。

それは、いくら他者からの援助や支援が大きいと言っても、幸せになれるかどうかは、あくまでも自分自身の責任であるということだ。

どんなに立派で賢い人でも他者から何らかの援助や支援を受けているものだ。しかし、大切なことは自分自身が自らの最良の支援者でなければならないということである。

II

勤勉の精神

024

苦労が最高の教育となる

苦労の多い仕事に就くのは嫌なものだ。しかし、あとで振り返ってみれば、それが自分にとっての最高の教育の場であったと気づくことが多い。

日々の大変な仕事を懸命に努力してこなしていくことは、仕事を覚えていく上で最も健全なトレーニングになる。また、真面目に仕事に取り組む人が増えることは、国にとっても最も望ましいことなのである。

025

勤勉・誠実の道を歩むことは、自らの本分を尽くすことである

人にはそれぞれやるべきことがあり、そのことに全力を尽くさなければならない。つまり、勤勉・誠実の道を歩むことは、自らの本分を尽くすことになるのだ。そして、神はまさにこの2つのことを幸福への道に結びつけたのである。

026

苦労して手に入れたパンほどおいしいものはない

ある詩人は、「神は天国への旅の道中に労働と苦労という関門を置いた」と書いたが、まさにその通りである。

たしかに、それが肉体的なものであれ精神的なものであれ、自らの努力と苦労の末に手に入れたパンほどおいしく感じるものはないのだ。

027

労働こそ最高の学びである

最高の実践的知恵を学ぶことができるのは、労働という名の学校である。ヒュー・ミラー［*］は労働の長所も短所も知り尽くした人物であるが、彼は自分の経験から次のように述べている。

「働くことは、いかに辛いものであったとしても、そこには喜びと自分が向上するための材料がぎっしり詰まっている。勤勉に働くことは最高の教師に学ぶのと同じことであり、しかもその教師は最も高貴な方なのである」

* Hugh Miller（1802-1856）
スコットランドの地質学者、作家、民族学者。独学の地質学者として多くのポピュラー・サイエンスの著書を残した。スコットランドの重要な古生物学者とされる。

028

どんな芸術にも忍耐力が不可欠だ

ルカ・デラ・ロビア［*］は、エナメルを使った陶器製作術を恐るべき忍耐力で復活させた。そんなルカについてヴァザーリ［**］は次のように書いている。

「ルカが忍耐強く努力する人であったことにはまったく驚かない。なぜなら、どんな芸術においても、暑さや寒さ、飢えや渇き、その他いかなる不快なことにも耐え忍ぶ力がなければ、決して世の中で成功を収めることはできないからだ。安逸を求め快楽に耽りながら名声を得ることなどできるわけがない。後世に残るような素晴らしいものをつくり上げ名声を残すのは、飽くことなき観察と絶え間なき努力である」

＊　Luca della Robbia（1400頃－1482）
イタリアの彫刻家。写実主義のうちに宗教的情感を活かした大理石彫刻などを製作した。釉薬をかけたテラコッタ像の創始者としても知られる。

＊＊Giorgio Vasari（1511－74）
イタリアの画家、建築家、美術史家。ルネサンス美術史の貴重な資料『イタリア美術家列伝』の著者として名高い。

029

日々の生活にこそ人生の真理がある

偉大な仕事を成し遂げるのに特別な才能は必要ない。偉大な仕事とは、ごく平凡な一般人が、単純なやり方で成し遂げるものなのだ。

では、その単純なやり方とは何か。それは毎日を真摯に生きることである。日々の生活で起きることはすべて最高の経験になる。日常生活の中にこそ人生の真理があるのだ。

030

成功と幸福へつながる努力という最良の道

人生の永遠の真理というのは単純なものである。つまり幸福への最良の道は、毎日懸命に粘り強く自分のなすべき仕事をするという昔ながらの平凡なやり方の中にこそある、ということだ。そうした地道な努力をしてきた者だけが、成功と幸福を得ることができるのである。

031

幸運の女神は常に勤勉な人にほほ笑む

幸運の女神は人を見る目がない、とよく批判されることがある。しかし実際には、幸運の女神の見る目は、私たちよりも遥かに優れている。

世の中を見渡してみれば、幸運の女神は常に勤勉な人の味方をしてきたことがわかるだろう。それは、常に順風と穏やかな波が、努力を怠らずに優れた技術を身につけた航海士の味方になってくれるのと同じことである。

032

飛び抜けた才能よりも当たり前の資質のほうが大切である

学問探求によってどんなに高尚な知識を得たとしても、常識、集中力、応用力、忍耐力といった当たり前の資質以上に大切なものはない。飛び抜けた才能を持った人たちでさえも、普通の人が持つそうした資質を決して疎《おろそ》かにしたりはしない。人生で成功するのに、飛び抜けた才能など必ずしも必要ではないのだ。

033

飛び抜けた才能とは強化された常識である

偉人と言われるような人たちこそ、飛び抜けた才能の威力などというものを最も信じていなかった人たちである。彼らが人生において最も大切だと考えたのは、市井の普通の人々が持つ世間知や忍耐力であった。そうした偉人たちの中には、飛び抜けた才能（天才）のことを、「強化された常識」と呼ぶ人もいたぐらいである。

034

勤勉さと忍耐力が偉大な発見をもたらす

ニュートンは誰もが認める最高の知性の持ち主であった。

あるとき、これまでの偉大な発見はどのようにしてできたのかと、その秘訣を尋ねられたことがあった。するとニュートンは、「いつもその問題について考え続けていたからだ」と謙虚に答えたのであった。

このように、ニュートンが偉大な発見をして大きな名声を得ることができたのは、彼が天才だったからではなく、最後まで諦めずに眼前の問題を考え続ける勤勉さと忍耐力があったからである。

035

ある人にできることは、誰にでもできる

過去の偉人の業績を見ればすぐわかることだが、どんな偉大な業績も一心不乱の努力と不屈の忍耐力によって達成されたものである。実際、偉人たち自身も自分たちが持っている天賦の才を特別なものであるなどとはまったく考えていなかった。

すなわち、彼らは、「すべての人間は神から平等に天分を与えられている。ある人にできることは、同じようにその目的を真摯に探求さえしていけば、誰にでもできる」と確信していたのである。

036

最も努力した人こそ、最も才能のある人だ

もちろん、シェークスピア、ニュートン、ベートーベン、ミケランジェロなどは特別な才能に恵まれていた人たちである。だからこそ、あれだけの偉業を成し遂げることができたと言える。しかしながら、彼らが人一倍勤勉に努力していなければ、あれほど素晴らしい業績を残すことはできなかったであろう。

歴史を見れば、例外なく、最も疲れを知らず勤勉に努力した人が、最も優れた才能の持ち主であったことがわかる。

037

世界を動かす偉業を成し遂げるのは飽くなき努力である

イギリスの作家ディズレーリは、「成功の秘訣は、仕事でも何でも、自分が現在行っていることを真にマスターして熟達することであり、それを達成できるのはただ継続的な勤勉と努力によってのみである」と述べたことがある。

世界を動かすような偉業を成し遂げた人を見ても、彼らは決して天才などではなかった。むしろ彼らの多くはごく平凡な能力の持ち主であったが、飽くなき努力を続けることができる忍耐力の天才なのであった。

038

勤勉の習慣は人生における最大の武器

何事においても重要なことは、最大限の工夫をこらして、勤勉の習慣を身につけることである。そうした勤勉の習慣さえ身につけることができれば、人生というレースも順調に歩んでいけるはずだ。

勤勉の習慣の中で特に重要なのは、何事も繰り返して練習することである。どんな技術もたった一度の練習で身につくことなど決してないのだから。

039 焦らず一歩一歩着実に進め

偉大な業績というのは一朝一夕に達成することはできない。特に最高の学問や技能を身につけるための進歩は時間がかかるものだ。人生もそれと同じで、焦ることなく一歩一歩着実に進んでいくことが大切だ。

フランスの思想家ド・メーストル[*]も述べているように、「いかに待つかを知ることこそ人生で成功を収める最大のポイント」である。

＊ Joseph de Maistre（1753-1821）
フランスの政治家、思想家。サヴォイア公国に仕える。1792年フランス共和国軍の侵入を受けて公国は消滅し、ジュネーブに亡命、1797年よりサルジニア王国に仕官して要職に就き、特派全権大使としてペテルブルグに滞在。はじめは自由主義的思想の持ち主であったが、革命後に反革命派第一の思想家となり、絶対君主制の必要を主張した。著書に『フランスについての考察』『教皇論』などがある。

040

時間と忍耐は桑の葉をシルクに変える

作物を収穫するには、まず種を蒔かなければならない。また、種を蒔いてから収穫するまでも長い時間待たなければならないが、その間は辛抱強く希望を抱きながら見守るようにしよう。

質の良い収穫物ほど、できるまでに時間がかかるものなのだから。

東洋の諺《ことわざ》にもあるように、「時間と忍耐は桑の葉をシルクに変える」のだ。

041

人生の知恵は快活さと勤勉さが9割

ただ、そのようにして辛抱強く待つ間も、決して快活さを忘れずに働き続けることが大切だ。快活さというのは大変素晴らしい資質であり、心に大きな柔軟性を与えてくれる。

ある司祭は「冷静沈着であることはキリスト教の教義の9割を占める」と言ったが、それと同様に、「快活さと勤勉さは人生の知恵の9割を占める」のである。

042

清らかな心で快活に働く以上の幸せはない

明るく元気に勤勉に努力することは、人生において成功と幸福を勝ち取るための最も大切な土台である。清らかな心を持ってはつらつと働くことは、人生における無上の喜びである。そして、情熱や自信など人生を切り開いていく上で最も大切な資質もそこから生まれてくるのだ。

043

志半ばで命尽きても……

社会のために何とか役立ちたいと思って懸命に努力してきたのに、その結果や功績が認められないという人は多い。彼らが蒔いた種は冬の雪の下に埋もれてしまい、春の収穫の前にその命が尽きてしまうこともある。『国富論』を書いたことで有名なアダム・スミス[*]でさえ、その研究成果が社会で実を結ぶまでには、なんと70年もの歳月を要したのである。

* Adam Smith（1723-90）
イギリスの経済学者、倫理学者。グラスゴー大学教授・総長。重商主義的保護政策を批判し、自由放任主義の立場に立つ自由主義的経済学を主張し、国富の源泉を労働一般に求め、産業革命の理論的基礎づけをした。『国富論』は経済学を初めて科学的に体系づけた古典。ほかの著書として『道徳感情論』などがある。古典派経済学の祖。

044

希望を持ち続ける

どんな逆境にあっても決して希望だけは失ってはならない。希望を失うことは、ときに人格さえ変えてしまうことがある。しかし、希望を持ち続け、逆境から立ち上がる勇気を持ってやり続ければ、必ず何事もいつか成就させることができる。

045

想定外の事態にもめげない精神力

トーマス・カーライル[*]は書き上げたばかりの『フランス革命史』第一巻の原稿を隣人に貸したことがあった。隣人は文筆業を生業《なりわい》にしていたため、アドバイスをもらおうと考えたのだ。ところが、不幸にもその隣人は原稿を居間の床に置きっ放しにしてしまったため、反故紙だと勘違いした家政婦が台所の火をつけるために燃やしてしまったのである。そのことを聞かされたカーライルの胸中は想像に難くない。しかし、そんな事態にもめげることなく、カーライルは不屈の精神力で再び執筆に取りかかり、ついにその原稿を完成させたのである。

* Thomas Carlyle（1795-1881）
イギリスの思想家、歴史家。ドイツ観念論哲学の流れをくみ、ロマン主義文学に親しむ。主著『衣装哲学』『フランス革命史』『英雄および英雄崇拝』『過去と現在』。

046

固い決意と目的意識があればできないことはない

カーライルは記憶をたどりながら、再度初めから原稿を書いていくしかなかった。最初に原稿を書くときは喜びに満ち溢れたものである。しかし、同じものを一から書き直すというのは苦痛と苦悶以外の何ものでもなかっただろう。そんな難業をカーライルは固い決意と確固とした目的意識を持って見事に乗り越えたのである。

カーライルのこの故事は、固い決意と確固とした目的意識を持って物事に取り組めば、何事もできないことはないということをよく教えてくれる。

047

忍耐力こそが成功のカギである

何事にも耐え抜く忍耐力は、人生を成功に導く最も大切な資質である。実際、数多くの著名な発明家にはこの資質が見られる。

ジョージ・スチーブンソン［*］は蒸気機関車を改良してその第一人者になるまでに15年の歳月を要したが、彼が若い人たちに向かってアドバイスをするときには決まってこう言ったのであった。

「君たちにも私がしてきたようにしてほしい。それは一心に粘り強く努力するということだ。それが君たちの人生を決めることになるのだ」

＊ George Stephenson（1781－1848）
イギリスの発明家。蒸気機関車の改良と実用化に力を注ぎ成功。その技術によって1830年リバプールとマンチェスター間に本格的蒸気機関車による鉄道が敷設された。

048

日中の単調な仕事が夜の自由な時間を輝かせる

ウォルター・スコット［*］は若い頃、法律事務所で文書の筆写をしていた。その仕事はうんざりするほど単調でつまらない仕事であった。しかし、日中そうしたつまらない仕事をしていたからこそ、スコットは自分の自由になる夜の時間を一層大切なものに感じ、毎日深夜に及ぶまで読書と勉学に専心することができたのだった。

これについてスコットはのちに、「文学者には勤勉の性質が足りない者が多いが、自分が勤勉さを身につけることができたのはあの退屈な事務所勤めのおかげだった」と述べている。

* Sir Walter Scott（1771-1832）
イギリスの詩人、小説家。スコットランドの歴史、伝説に取材したロマンチックな物語詩、歴史小説を多数残し、ユーゴー、デュマ（父）、スタンダールらに影響を与えた。代表作に『湖上の美人』『アイバンホー』など。

049

ありふれた仕事をこなしてこそ能力は磨かれる

後年のスコットは、実務家であったことを誇りにしていた。これについてスコットは、「日常のありふれた仕事を嫌悪したり軽蔑したりする文学者や芸術家が少なからずいるが、そうした考え方は間違っている。ありふれた仕事を日々淡々とこなしていくことによって初めて、人はより高い能力を身につけることができるのだ」と語っている。

050

真の英知を身につけるほど謙虚になれる

長年忍耐強く勤勉に努力してきた結果、スコットは常人には及びもつかない博識を身につけた。しかし、当の本人はいつも自分が無知であることについて嘆いていたのである。「これまでの自分の人生を振り返ってみると、私は常に自分の無知にさいなまれ、打ちのめされてきたような気がする」。このスコットの言葉ほど真の英知と謙虚さを表しているものはない。

まさに、物事をよく知っていればいるほど、謙虚になり自惚《うぬぼ》れの気持ちがなくなるということだ。

III

自ら好機をつくる

051

成り行きまかせよりも着実な努力

偶然の成り行きが偉大な成果に結びつくことは滅多にない。もちろん、ときには向こうみずで大胆な試みが思わぬ成功を導く場合もあるだろう。しかしながら、人生における成功への最も安全な道は、毎日勤勉に、そして着実に努力するという、これまでに数多くの偉人たちが通ってきた道なのである。

052

もっと良くしようと努力する

真に優れた人は常に物事に集中し、骨身を惜しまず懸命に努力し続ける。そうした偉人たちが共通して持つ一つの大きな特徴がある。それは、取るに足らないように見える細かなことでも、決して疎かにしないことだ。それればかりか、むしろ、より良く改善しようとさらに努力を重ねることである。

053

些細なことこそ疎かにしない

ミケランジェロは、アトリエを訪れた友人から、そのとき手がけていた彫像について、以前に来たときからどのように手を加えたのかと聞かれたことがあった。

そこでミケランジェロが手を入れたところを詳しく説明したところ、その友人は「そんなに細かいことはあまり重要とは思えないがね」と返した。

それに対してミケランジェロはこう答えたのである。

「君には細かい修正など取るに足らないことに思えるかもしれないが、美を完成させるにはそうした細かい作業を積み重ねることこそが最も大切なのだ。どんな些細なことも美の完成には欠かせないのだ」

054

偶然の幸運とは長年の努力の結果である

何かの偶然で大発見が生まれたという話をしばしば聞くことがある。しかし、そうした大発見がどのようにして生まれたのかよくよく調べてみると、偶然によって大発見が起こるなどという幸運はまずなかったことがわかる。

ほとんどの場合、そうした偶然の幸運と呼ばれるものは、天才たちの長年の努力の結果もたらされたものだったのである。

055

ひらめきの陰に地道な努力あり

偶然の幸運としてすぐ思い出されるのは、ニュートンが木からリンゴが落ちるのを見て万有引力の法則を発見したというエピソードである。

しかし、ここで見落としてはならないのは、ニュートンが重力の問題についてそれまで長年にわたり昼夜を分かたず懸命に、そして辛抱強く研究を行ってきたという事実である。そうした長年にわたる地道な努力があったからこそ、ニュートンはリンゴが落ちるのを見た瞬間にひらめき、大発見ができたのだ。

056

本質を見抜く観察力を身につける

観察力の優劣も、私たち個人の能力の差が大きく開くことに関係している。

観察力については、「観察力のない人間は森を歩いても薪一つ見つけることができない」というロシアの諺がよく言い表している。

また、批評家のサミュエル・ジョンソン〔*〕がイタリアから帰国したばかりのある紳士に対して言った次の辛辣な言葉も、観察力の本質を言い当てている。

「ロンドンのハムステッド〔**〕に住んでいても、ヨーロッパ中をくまなく旅した人よりもよほど博識な人がいるものだ」

* Samuel Johnson（1709－84）
イギリスの詩人、批評家。『英語辞典』の編纂で名高い。詩作のほかに、雑誌『ランブラー』の創刊、紀行文・伝記などの著作を行った。

**イギリスの首都ロンドン北西部にある一地区。カムデン特別区に属する。

057

心の目で見る

人生において最も大切なことの一つは、物事を単に目で見るのではなく、心の目でしっかり見るということである。

同じものを見ていても、思慮の浅い人と深い人とでは、見えているものがまったく違う。知的洞察力を持った注意深い人は、物事の奥に潜む本質や重要性まで見通すことができるのである。

058

常に注意深く観察する

注意深い観察者にして鋭い知的洞察力を持っていたのが、アメリカ大陸を発見したことで有名なコロンブスである。

長い航海をしてきたにもかかわらずなかなか新大陸を発見することができず、一時コロンブスの船には反乱を起こすかのような不穏な空気が漂っていた。そのとき、コロンブスは海に海藻が浮かんでいることに気づく。それは新大陸がすぐ近くにあることを示していたのである。

この一片の海藻に気づいたおかげで、コロンブスは船員の反乱を食い止め、新大陸発見という偉業をなすことができたのである。

059

小さな知識の積み重ねが巨大な知恵となる

ビジネスはもとより、芸術でも科学でもどんな分野においても成功のカギを握っているのは、取るに足らないような些細なことでも決して疎かにせず、注意深く観察するということである。

人間の知識というのは、小さな事実が過去何世代にもわたって蓄積された結果である。そうした小さな知識や経験の積み重ねが、人類の知恵という巨大なピラミッドを構築しているのである。

060

偶然をチャンスに変える

どんな偶然の出来事であっても、それが持つ潜在的な重要性に気づいて見逃さず、それをチャンスに変えていくことが人生で成功する秘訣である。

自らの力で道を切り開いていこうと決意した人には必ず、その努力にふさわしいチャンスが訪れるものだ。また、仮にそうしたチャンスが身近に来なかったとしても、そうした人はそれを自分でつくり出していくことができるのだ。

061

必要こそが発明の母

科学や芸術の分野で大きな優れた業績を残した人というのは、大学、博物館、美術館などに自由に出入りでき、それらが提供してくれる様々な学問的恩恵にあずかることができた人たちばかりではない。また、偉大な技術者や発明家も、皆が皆、学校で専門教育を受けてきたわけではない。

こうした例からもわかるように、大切なのは恵まれた環境ではない。必要こそが発明の母であるということだ。言い換えれば、困難という名の学校こそが、最も多くの成果を生み出してくれるということである。

062

目的・目標のない人はチャンスを見逃す

人を成功へと導くのは偶然の力ではない。大切なことは、しっかりと自分の目標を定め、それに向かって粘り強く着実に歩みを進めていくことだ。

意志が弱く、怠惰で、目的意識のない人は、どんなに素晴らしい幸運が訪れたとしてもそれをうまく活用することができない。そうした人は、せっかく自分に幸運が訪れたとしてもその意味がわからず、ただそれが通り過ぎていくのをぼおっと見ているだけである。

063

幸運の女神はすぐそばにいる

その一方、訪れた幸運の女神を素早く見つけ出し、それを逃さず、努力し行動を起こしていけば、必ず驚くべき成果を上げることができる。

幸運の女神が与えてくれるチャンスというのは、いつも私たちの手の届くところに現れる。あとはそれをしっかりつかみ取って、粘り強く一生懸命に努力していくだけだ。

064

毎日1時間を10年続ければ一分野で秀でることができる

ちょっとした時間も無駄にせずコツコツと辛抱強く努力していけば、それは積もり積もって偉大な成果につながる。毎日1時間でも無駄な時間を省き、それを有益な目的のために使えば、平凡な能力しかない人でも必ず学問の一つぐらいはマスターできるようになる。毎日たった1時間だけでもいいから勉強を続けていきなさい。10年もたてば、無知な人でも見違えるほどの博識になれるだろう。

065

時間は成果を生み出すために使うものである

時間を決して無駄に通り過ぎさせてはいけない。時間は、学ぶべき価値のある知識を吸収し、教養を高め、そして有益な習慣を身につけるためにこそ使われるべきものなのだ。人生には一瞬たりとも無為に過ごしていい時間などはない。

066

少しの時間も有効に使う

時間を有効に使った偉人は数多い。

エラスムス・ダーウィン〔*〕は、馬車で患者の家を回っているときに思い浮かんだアイディアや考えを必ず小さな紙に書くようにしていた。そこで書き留めたことが、のちの彼の著作のほぼすべてに活かされることになった。

また、アメリカの言語学者であるエリヒュー・バリットも「自分が成功したのは天賦の才があったからではなく、細々とした時間を有効に活用したからである」と述べている。実際、彼は若い頃に鍛冶職人として働きながら、古今の18の言語と22の欧州各国の言語をマスターしたのである。

* Erasmus Darwin（1731-1802）
イギリスの医師、博物学者。チャールズ・ダーウィンの祖父。生物進化論の先駆者の一人であり、主著に『ズーノミア』がある。

067

時間は消滅し、決して取り戻すことはできない

オックスフォード大学のカレッジ（学寮）の一つ、オール・ソウルズ・カレッジの時計の上には、「時間とは消滅するものである。そして、その責任は私たちにある」という厳粛な言葉が刻まれている。この言葉ほど若い人たちに贈る言葉としてふさわしいものはないだろう。

私たちは自分に与えられた時間を自由に使うことができる。これは最も大切な永遠の真理である。

そして、時間というのは人生と同じように、ひとたび通り過ぎてしまえば、決して取り戻すことはできないのである。

時間こそあらゆる偉業の土台である

エクセター大聖堂［*］のオルガン奏者で作曲家でもあるウィリアム・ジャクソンが言うように、「世俗の富については、過去に放蕩の限りを尽くしても、将来倹約に励めばそれを取り戻せるかもしれない。しかし、今日失った時間を明日取り戻すことは決してできないのだ」。過去の偉人たちが素晴らしい思想や業績を後世に残すことができたのは、時間を真に有効に使うことができたからである。時間こそが人生のすべての土台なのである。

* イギリス南西部、デボン州の都市エクセターにあるイギリス国教会の大聖堂。ゴシック式の丸天井やステンドグラスで知られるほか、15世紀以前に製作された天文時計がある。

069

満足するまで何度でも続ける

偉人たちは貴重な時間を有効に使って偉業を成し遂げたが、彼らが成功を得るまでには途方もない努力を続けてきたことを忘れてはいけない。

ニュートンは『年代記』の原稿に満足するまで15回も書き直しをしたし、ギボン［*］も『自叙伝』の原稿を9回改めたと言われている。また、ヒューム［**］も『英国史』を執筆しているときには1日13時間も机に向かっていたのである。

* Edward Gibbon（1737－94）
イギリスの歴史家。1763～65年にヨーロッパ各地を遊歴し、ローマ史の著述、構想をまとめた。『ローマ帝国衰亡史』は、トラヤヌス帝治下から東ローマ帝国滅亡までの1300余年を論述した古典的名著。

** David Hume（1711－76）
イギリスの哲学者、歴史家。ロックの経験論を徹底させた懐疑論の立場に立ち、生得観念を否定して、カントに大きな影響を与えた。また、人性論的人間学を建設しようとした。主著に『人間本性論』『英国史』などがある。

070

書き留めておく習慣を持つ

心に浮かんだ考えや見聞きした事実などを書き留めておく習慣をつけることは、非常に大切だ。そうすれば、それらが忘却の彼方に逃げ去ってしまうことを防ぎ、あとあとまでしっかり留め置くことができる。

哲学者のベーコンは「執筆用の断想」と名付けた数多くの原稿を書き残しているが、こうして折に触れて地道に書き残したものが、のちに花を咲かせることになったのである。

071

不遇の時代を耐え抜く

偉人の中には長い間、世間や仲間から認められず逆境を経験してきた人も数多い。そんな一人が医学者のハーベイ[*]である。

ハーベイは血液が体内を循環していることを最初に発見した人物だが、その事実を発表するまでには8年にもわたる研究を要した。しかも、彼は自説を発表してからも医学界からは頭がおかしくなったペテン師として嘲笑を浴びることになった。そうした不遇の時代が長く続いたが、その後ハーベイの説は次第に受け入れられるようになり、発表から25年後、ようやく彼の説は科学的真理として認められるようになったのである。

* William Harvey(1578-1657)
イギリスの生理学者。中世以来支配的であったガレノスの説を破り、血液循環説を提唱。実験生理学を再興・進展させ近代生物学・生理学の先駆者となった。主著『動物の心臓ならびに血液の運動に関する解剖学的研究』。

Ⅳ 才能と精進

072

偶然でき上がる偉大な芸術などない

優れた芸術も、他のいかなる分野と同じように、骨身を惜しまない努力の結果によって初めてもたらされるものである。見事な絵画も高貴な雰囲気を漂わせた彫刻も、偶然の結果でき上がるなどということは絶対にない。もちろん、天賦の才によるところもあるだろう。しかし、その大部分は不断の修練と努力によるものなのである。

073

一心不乱に全精力を傾ける

肖像画家として有名なジョシュア・レイノルズ［*］も、不断の修練と努力の力を強く信じていた人である。彼は次のように語っている。

「優れた芸術作品を生み出すには、芸術家が神から授かる天賦の才というものが必要かもしれない。しかし、そうした優れた芸術作品を生み出すためには、その前にまず、芸術家自身が朝起きてから夜寝るまで、一心不乱に全精力を傾けてその作品に取り組まなければならないのだ」

＊ Sir Joshua Reynolds（1723－92）
イギリスの肖像画家。壮麗な画風で知られるロイヤルアカデミー初代会長。

074

自己修養こそが才能を開花させる

たしかに天から与えられた生まれつきの才能は非常に重要である。しかし、天から与えられた才能を真に開花させるのは自己修養の力なのである。人生では、自己修養の力こそが、学校教育などよりも遥かに役立つのだ。

075

不断の修練と努力が傑作を生み出す

レイノルズと同じように、不断の修練と努力を強く信じていたのがミケランジェロである。実際、ミケランジェロは同時代のどの芸術家よりも長時間創作に熱中した人であった。夜中に突然起き出して仕事の続きをすることは珍しくなかったし、起きてすぐ仕事に取りかかれるように寝間着に着替えず寝ることもあった。そこまで仕事に熱中することができて初めて、ミケランジェロのような偉大な作品はつくり上げることができたのだ。

076

傑作の陰には長年の努力と修業が隠れている

ミケランジェロの作品のような偉大な作品を見ても、それを創作した芸術家たちの血の滲《にじ》むような努力と長年にわたる修業の跡に想いが至る人はあまりいない。偉大な芸術家の作品はどれも、一見いとも簡単に素早くできたように思える。しかし、実際それができるまでには、芸術家たちの想像を絶するような努力と苦労があったことを忘れてはならない。

077

10日でつくれるようになるには30年の修業がいる

あるとき、ベネチアの貴族がミケランジェロに自分の胸像の製作を依頼したことがあった。ミケランジェロは依頼された胸像をわずか10日でつくり上げ、その代金として金貨50枚を請求した。すると、その貴族は「10日でつくり上げたものにしてはその値段は高すぎるじゃないか」と文句を言ったのである。それに対して、ミケランジェロはこう答えたのであった。

「あなたはお忘れになっているのかもしれませんが、私はこれを10日でつくるために30年間毎日修業に励んできたのです」

078

仕事は最高の修業である

逆境の中にありながらも懸命に絵の修業を続けた結果、のちに画家として大を成した人物がターナー[*]である。ターナーはどんな仕事も厭わず、他人が描いた絵に上塗りするような単純作業や、旅行案内や年鑑などのイラストを描くような安い仕事にも絶対に手を抜くことなく一生懸命に取り組んだ。そうした割の合わない仕事について、のちにターナーは、「それは自分にとって最高の修業だった」と回顧している。まさに、こうした何事にも最善を尽くすというターナーの心持ちこそが彼を偉大な画家にしたのだ。

* Joseph Mallord William Turner（1775-1851）
イギリスの代表的風景画家。当初は光と闇のコントラストの強い、ロマン主義的な風景画を描いたが、のちに大気の現象、光の効果そのものを対象とした抽象的、幻想的作品を生んだ。印象主義の先駆者の一人。

ひたすら粘り強く努力を続ける

もう一人、努力の画家として有名なのがデイビッド・ウィルキー[*]である。

自分の芸術的天分に自信を持っている芸術家の中には性格的に多少風変わりで気まぐれな人物もいる。しかし、ウィルキーにはそうしたところがまったくなく、常に一生懸命に粘り強く努力を続ける人であった。彼はのちに次のように語っている。

「私が画家として成功したその唯一の理由は、自分が天賦の才を持っていたからではない。ひたすらたゆまず努力したからだ」

＊ Sir David Wilkie（1785 - 1841）
イギリスの風俗画家、肖像画家、版画家。ロンドンのロイヤルアカデミーに学び、1830年に王室画家となった。40年に宗教画の真の背景を見出すため聖地を訪れ、帰途、ジブラルタルへ向かう船上で没した。主要作品に「村祭」、「村の政治家」、「盲目のバイオリン弾き」がある。

080

「働け！　働け！　働け！」

ウィルキーはたとえ報酬が少なくても、どんな仕事も決して手を抜くことはなかった。どんなときにも、彼は事前によく調べて丹念に準備をした。また絵を描くときにも短時間で一気に仕上げるようなことは絶対にせず、完成させるまでには何年もの時間と労力を傾けた。彼のモットーは「働け！　働け！　働け！」であった。

彼はおしゃべりばかりしている画家のことを軽蔑して次のように述べている。

「おしゃべりな人は種を蒔くことはできるかもしれない。しかし、それを刈り取るのは静かに努力する人だ」

081

努力が才能をカバーする

ウィルキーにはこんなエピソードもある。

彼がスコットランド美術院で勉強しているとき、グラハム院長は有名な画家レイノルズの言葉として、いつも次のように言っていたという。

「君たちが天賦の才に恵まれているのなら、勤勉に努力すればさらにその能力を向上させることができるだろう。また、もしそうした才能に恵まれていなかったとしても、努力がそれを十分に補ってくれるだろう」

これを聞いたウィルキーは、「だからこそ私は精一杯努力することを決意したのだ。自分が才能に恵まれていないことぐらい、自分が一番よく知っていたからね」と述べたのである。

V

勇気と気概を持って前進せよ

082

人生の高みへと押し上げる〝情熱〟の力

断固とした決意を持って価値ある目標を追求しようとすることは、人生において極めて大切な資質である。それはまた優れた人格の真の土台でもある。

情熱さえあれば人は飽き飽きするようなくたびれ仕事でも、無味乾燥な細かい仕事でも、意欲を持ってこなしていくことができる。そして、それによってさらに人生の高みを目指して進んでいくことができるのだ。

083

強い意志こそが人格の中心的力である

どんな仕事においても成功するために必要なのは優れた才能ではない。確固とした目的意識である。それは何かを達成しようとする単なる力ではない。どこまでも情熱を込めて粘り強くやり抜こうと努力する強い意志である。

言い換えれば、情熱ある強い意志が人格の中心的な力であるということだ。それこそが人間の力そのものなのである。

084

希望は力である

情熱は人に行動を起こさせ、その努力に魂を与える。情熱こそが人生に真の希望を与えてくれる。そして、そのような人生に真の芳香を与えてくれるのが希望なのである。バトル修道院［*］に納められた割れた兜には「希望は力なり」と刻印されているが、これこそまさに万人が座右の銘とすべき言葉である。

＊　ヘイスティングスの戦いの古戦場に建てられているベネディクト会の修道院。現在建物の一部は私立バトル・アビー・スクールが利用している。イギリス指定古代記念物。

085

行動を起こせば願望は実現する

ただ願望や欲望を持つだけでは、いたずらに嫉妬の感情を引き起こすだけである。それらは実際の行動によって速やかに具体化されなければならない。

多くの人はそうした願望や欲望が実現することをただ待っているだけである。しかし、それらを実現させるためには、確固とした強い意志を持って自らが能動的に奮闘努力しなければならないのだ。

086

心と体を使わずに結果は出ない

人生においてひとたび目的を定めたならば、ブレることなく直ちに実行に移さなければならない。そして、どんなに単調な仕事でもコツコツと地道に努力を続けていくことが最善かつ最も健全なやり方である。

ある人が言ったように、「人生においては、心と体を使うことでしか結果を生み出すことはできない。努力すること、そしてさらに努力すること、これこそが人生というものだ」。

087

世間は最も素晴らしい教育を受けられる学校である

地質学者のヒュー・ミラーは、「自分が最も素晴らしい教育を受けたのは世間という学校においてである。そこでは、苦役と苦難という厳しいながらも高貴な教師に教えてもらうことができた」と語っている。

人生においては、手を抜いたり、くだらない理由をつけて仕事を避けようとすれば必ず失敗する。与えられた仕事は避けられないものとして真剣に取り組んでいけば、やがてはそれを迅速かつ楽しくこなしていけるようになるものだ。

088

一度に一つのことを根気強くやる

勤勉という習慣も他の習慣と同じように、時間の経過とともに身につけることができる。仮に自分に平凡な能力しかなかったとしても、一度に一つのことを根気強く集中して行う習慣を身につけることができれば、あとで大きな成果を残すことができるだろう。それはまさに「自分がなすべきこと、それを全力を挙げて行え」という聖書の教えの通りである。

089

困難に向かう意志の力が不可能を可能にする

本当に価値のあることは、勇猛果敢に取り組まなければ決して実現させることはできない。

人間の成長というのは、必死に困難と戦おうとする意志の力によって決まる。それを私たちは努力と呼ぶ。

最初は不可能に思えたことが、そうした意志の力によって実現するのを見ることは、本当に驚くべきことである。

090

自分にはできないと思い込んでいたら何も実現できない

どんなことでも心から強く期待すれば、必ず実現することができる。ときに願望というものは実際に実現することの先駆けになることがあるのだ。しかし、最初から自分にはできないと思い込んでいる人は、怖がって最初の一歩を踏み出せないため、何事も実現することができないのだ。

091

真剣に強く願えば何にでもなれる

人が自分の決めた目標を実現したり、あるいはこうなりたいと願うような自分になれるのは、すべて意志の力であり目的意識の力のなせるわざである。

ある聖職者がいつも言っていたように、「あなたは願うもの何にでもなることができる。それは私たちの意志の力が神の意志の力と強く結びついているからだ。私たちが真剣に、また心の底から強く願えば、なれないものなど何もないのだ」。

092

私たちにはやり抜く力が備わっている

人は、水面に投げ出されて流れのまま漂う一片の麦わらのような弱い存在ではない。人には、波の流れに逆らってでも自分の進むべき方向に向かって泳ぎ切る力が備わっている。私たちの自由意志や行動に制約を加えるものなど何もないのだ。

093

快楽ではなく善を追求せよ

人間の意志は、そのまま放っておけばどこに行くかわからない。だからこそ、注意して正しい方向に行くようにしてやらねばならない。

それが快楽の追求に向けられれば、強い意志は悪魔の本性を現すことになり、知性はその卑しい奴隷になるだろう。その反対に、それが善の追求に向けられれば、強い意志は王様となり、知性は最高の繁栄を導く臣下となるだろう。

094

達成できると強く思えば、それだけで達成できたも同然だ

「意志あるところ道は開ける」という古い諺があるが、まさにこれは真実である。何事かを成そうと決意した人は、そのように決意することによって幾多の困難を乗り越えることができ、目標を達成することができる。

達成できると心に強く思うようにしよう。それだけで達成できたも同然である。

095

「学べ！　やれ！　試してみろ！」

ロシアの有名な軍人スヴォーロフ［＊］は意志の力で成功した偉人の一人である。彼は「私にはわからない」、「自分にはできない」、「これは不可能だ」といった否定的な言葉を何よりも嫌った。そして、その代わりに彼はいつも、「学べ！　やれ！　試してみろ！」と叫び続けていたのである。

＊　Александр Васи́льевич Суво́ров（1730－1800）
ロシア帝国の軍人。大元帥、ルムニク・スヴォーロフ伯、イタリア大公。軍事史上でも稀な生涯無敗の指揮官として知られる。

096

旺盛な情熱と不屈の決意が偉人と凡人を分ける

32歳の若さで下院議員になったファウエル・バクストン［*］はイギリスの植民地における奴隷制度撤廃に大きく貢献した人物である。彼自身は決して天才でもなく、知的な指導者でもなかった。しかし、彼は何事にもひたむきに正直に取り組み、決意が固く、情熱に溢れた人物であった。そんな彼の人格をよく表しているのが次の言葉である。

「長生きするにつれ私が確信するようになったことが一つある。強い人と弱い人の違い。偉人と凡人との違い。それは旺盛な情熱と不屈の決意を持っているかどうかということだけだということである」

＊ Sir Thomas Fowell Buxton（1786 - 1845）
イギリスの博愛主義者、政治家。下院でイギリス植民地の奴隷廃止運動の指導者となった。「反奴隷制協会」を創立。アフリカ西部へ探検隊を派遣し、原地の人々と反奴隷制の条約を結ぼうとしたが熱病で多くの死者が出たため失敗した。

VI
勤勉に、正確に、誠実に

097

誠実に働いて生活の糧を得る

偉人と呼ばれるような人たちも一方では高貴な目的を追求しながら、その一方では誠実に働き、生活の糧を得ることを軽蔑するようなことは決してなかった。スピノザ[*]はレンズ磨きをしながら哲学の探究を続けたし、シェークスピアも劇場の支配人として大きな成功を収めた。ニュートンも有能な造幣局長官であったし、リカード[**]も証券仲買業者として働きながら富を築き、好きな経済学の研究に励んだのだった。

* Baruch de Spinoza（1632－77）
オランダの哲学者。神への知的愛により神の自己自身への愛と合一する汎神論を唱えた。主著『エチカ（倫理学）』『神学政治論』『知性改善論』『国家論』など。

** David Ricardo（1772－1823）
イギリスの経済学者。アダム・スミスと並ぶ古典学派の代表者。労働価値説・分配論・差額地代論・国際貿易に関する比較生産費説などの新しい説を発表し、マルクスにも大きな影響を与えた。主著『経済学及び課税の原理』。

098
日々の雑事を能率的にこなす

偉大な知的能力と日常の細々とした雑事を能率的にこなしていく能力は相容れないものだと考えられがちだが、決してそんなことはない。

たとえば思想家として名高いジョン・スチュアート・ミル［*］は東インド会社に勤務していたが、彼が同社を退職するときに同僚からの称賛と尊敬を受けたのは、彼の高邁な思想や哲学ではなかった。それは彼が同社の部長として極めて能率的に仕事をこなしていたことに対してであった。

* John Stuart Mill（1806－73）
イギリスの哲学者、社会思想家、経済学者。幼児期から天才教育を受け、哲学、経済、政治、婦人問題、宗教、社会思想など幅広い著作活動を展開した。イギリス経験主義の上に立つ帰納法を体系化し、実証的な社会科学理論の確立に努めた一方で、自由主義経済学の最後の代表者でもあった。主著に『論理学大系』『経済学原理』『自由論』『功利主義論』『ミル自伝』がある。

099

遠回りこそ最良の道だ

ビジネスで成功する道は、決して風変わりな道ではない。常識の道である。つまり、ビジネスの成功においても必要とされているのは、知識の獲得や研究と同じように、粘り強く勤勉に努力し続ける能力なのである。

もちろん、たまにはビジネスでも「まぐれ当たり」があるかもしれない。しかし、哲学者のベーコンも言っているように、「多くの場合、最短の道は最悪の道である。もし最良の道を行きたいのなら遠回りの道を行かなければならない」のだ。

100

勤勉が人生を素晴らしいものにする

何事でも回り道を選べばそれだけ余分に長い時間がかかってしまう。しかし、そうした回り道の末に成果を得ることができれば、そこで得られる喜びはより純粋なものであり、その味は格別である。

どんなにつまらない仕事でも毎日それをきちんとやり遂げることができれば、人生はそれだけで素晴らしいものになるだろう。

101

貧しさは成功の必要条件となることがある

一般的に言って、安楽な生活というのは人を堕落させることが多い。何事も誰かに世話をしてもらって安楽に生活することよりも、質素な暮らしの中で働く必要に迫られるほうが、成長にはよほど望ましい。

苦しい貧困生活から人生を始めれば、それは一生懸命に働こうと努力する刺激になる。その意味では、貧困は人生で成功するための必要条件の一つであるとも言えるのだ。

102

失敗を他者のせいにしない

失敗した人の多くは、自分の過ちを認めず、その失敗を誰かのせいにしてしまう。そうした人は自分には何ら落ち度はないと考えている。そして、自分が失敗した最大の原因はお金を崇拝する時代に生きているせいだ、などと愚にもつかない理由をいつも考え出しているのだ。

103

何でも星の巡りのせいにするな

世の中には、失敗の原因は自分が不幸な星の下に生まれついたからだと考える者がいる。そうした人の中には、「仮に自分が帽子屋になったとしても、そのときの人間はみんな頭がない状態で生まれるから、どのみち自分が成功することなどできないのだ」と馬鹿げたことを言う者までいるのである。

104

不幸を嘆くばかりではいけない

ロシアの諺に、「不幸と愚かさは隣り合わせに住んでいる」というのがあるが、これはまさに至言である。

いつも自分の不幸を嘆いている人というのは、そうした不幸を招いた原因が自らの過去の怠惰や不始末、あるいは無分別や努力不足にあるということをまったくわかっていないのだ。

105

不平不満は言いがかりに過ぎない

『英語辞典』の編纂で有名なジョンソン博士も次のように述べている。

「世間にはあれこれ不平不満をぶちまける人が多い。しかし、そうした彼らの不平不満というのはすべて言いがかりに過ぎない。実際、私はこれまで生きてきた中で、価値のある人が無視され続けてきたのを見たことがない。成功できず失敗に終わるのは、大抵の場合、その本人に原因があるのだ」

106

世間が見逃さないほどの鍛錬ができているか

アメリカの作家であるワシントン・アービング［*］もジョンソン博士と同じような意見を持っており、次のように語っている。

「多少の長所や強みを持っていたとしても、それだけでは結局無視されてしまうという人がいるが、それはまったく哀れな言い訳に過ぎない。なぜなら、それは自分の怠惰や優柔不断さを棚に上げて、自分が成功できないことを世の中のせいにしているだけだからだ。よく成熟し鍛えられた才能の持ち主であれば、決して世間が見逃すはずなどないのだ」

＊ Washington Irving（1783-1859）アメリカの作家。短編小説と随筆を集めた代表作『スケッチ・ブック』で知られる。

107

人生とは些細なことから成り立っている

どんなビジネスにおいてもそれを効率よく行う上で欠かせない能力が6つある。それは、注意力、勤勉、正確性、秩序立ったやり方、時間厳守、迅速性である。これら6つの能力は一見どれも些細なことのように見えるかもしれない。しかし、これらの能力は、幸せで豊かな人生を送っていくためには極めて大切な能力である。

これらは些細と言えば些細なことばかりである。しかし、人生というのはそうした取るに足らない些細なことから成り立っているのだ。

108

ちょっとしたことを誠実に繰り返す

毎日の生活において最も大切なことは、日々のちょっとしたことを誠実に繰り返して確実にこなしていくことだ。人格というのは、まさにそうしたちょっとしたことを毎日繰り返し行っていくことによって形成されるのである。

それは国家についても同じことである。堕落した国家というのは必ずと言っていいほど、そうした些細なことをきちんとやってこなかったのである。

109

正確さを追求する

正確さというのは人前で話をするときや、物事を処理するときなど、人生のあらゆる場面で必要とされる非常に大切な能力だ。

特に、何事であれ立派に任務を果たすことを求められるビジネスにおいては、そうした正確さが極めて重要である。わずかな量の仕事でもそれを完璧に仕上げるほうが、その10倍の仕事を中途半端にすませるよりも遥かに望ましいのだ。

110

正確な仕事をする人は信用される

ビジネスにおいては、些細なことをどのように処理するかで、その人の力量が測られてしまう。そして、それによって他人がその人に協力してくれるかどうかが決まる。

いかに人徳があり、能力に優れ、品行方正であったとしても、いつもいい加減で不正確な仕事しかできない人は決して信用されることはないだろう。どんなに面倒くさくても、どんなに骨の折れる仕事であっても、自分に任せられた仕事は完成させる前に何度も点検して正確を期さなければならない。

III

怠惰は人を悪魔の巣窟にする

時間の持つ価値を正しく理解できれば、行動も迅速にできるようになる。その反対に、時間の価値を理解せず浪費ばかりしていると、その精神に雑草がはびこり、あらゆる悪が成長する。

時間を持て余し、何も考えない頭は悪魔の仕事場とする。また、怠惰な人間は悪魔が頭を横たえる枕となってしまうだろう。

112

「時は金以上なり」

ビジネスの世界ではよく「時は金なり」と言われる。しかし、実際はそれ以上であり、「時は金以上なり」と言うべきである。

時間を正しく使うことができれば、教養を高めたり自己啓発に役立てることができるだけでなく、人格を磨くことにも有効である。

もし毎日つまらないことに時間を浪費しているのなら、そのうちの1時間でも自己啓発にあてるようにしてほしい。そうすれば、どんなに無知な人間でも数年もたたないうちに、きっと賢い人間に変わることができるだろう。

113

1日15分の自分磨きをする

たとえ1時間は無理だとしても、1日に15分でも自己啓発にあてることができたなら、その1年の終わりにはきっと確かな手応えを感じることができるはずだ。優れた思想や苦労して得た経験は決してお荷物になることはなく、どこへでも手軽に持っていくことができる。しかもそれはお金もかからず、足手まといにもならないのだ。

114

時間だけは永遠に取り戻せない

お金を使い果たすまでその価値がわからない人がいるように、時間も使い果たすまでその価値がわからない人が多い。ダラダラと無為に時間を過ごしてきて、人生の終わりになって初めてもっと有効に時間を使うべきだったと後悔する人のなんと多いことか。

失われた富は勤勉によって取り戻せるかもしれない。また、失われた知識も勉強することによって、あるいは失われた健康も節制や薬によって取り戻せるかもしれない。

しかし、どんなに頑張っても、一度失われた時間は永遠に取り戻すことはできないのだ。

115

時間を守る

時間の価値が正しくわかっていれば、時間厳守の習慣も簡単に身につけることができるだろう。時間を守れば信用を得ることができる。その一方、それができなければいち早く信用を失うことになる。時間を守るというのは自分の時間だけでなく相手の時間も尊重しているということであり、ビジネス相手として尊敬に値する人物であることを示しているのだ。

116

遅刻とは契約違反である

時間厳守というのは良心の問題でもある。

時間の約束とは一種の契約である。それを破るということは契約違反である。それは結果的に相手の時間を不当に無駄にしてしまうことになるのだ。

そんな人間は時間にルーズなだけでなく、実際のビジネスにおいてもルーズだろうと思われてしまうため、ビジネス相手として信用されなくなるのである。

117

誠実さだけは決して忘れてはいけない

「正直は最良の策である」という有名な諺があるが、この言葉ほど日々の生活体験からその正しさが実感できるものはない。また、こうした誠実さと正直さはビジネスでの成功にも欠かせないものである。

軍人には名誉が、またキリスト教徒には慈悲心が何よりも大切であるのと同じように、ビジネスパーソンには言行一致の誠実さが最も大切である。

118

一流のビジネスパーソンは、正直で忍耐強く正義を重んじる

ビジネスは、人格の良し悪しが最も試される世界である。そこでは、その人が正直であるか、忍耐の精神に溢れているか、正義の人であるかが厳しく問われる。そうした人格試験をパスしたビジネスパーソンは、自らの命を顧みることなく戦火の中を勇気を持ってくぐり抜ける兵士たちと同じように、名誉ある人たちであり尊敬に値する。

119

心の平安がなければ大金も意味はない

いつの時代も、世の中には目に余る不誠実や詐欺が横行している。しかし、仮にそのような不誠実な手段や詐欺行為によって富を得たとしても、そうした連中は決してその富を楽しむことはできないし、また心の平安を得ることもできないだろう。どんなに多くの富を得たところで心の平安がなければ、それは何も持っていないのと同じことである。

120

誠実な人格こそかけがえのない財産である

誠実で正直な人は、不誠実で詐欺を働くような人と比べると財産を築くのが遅いかもしれない。しかし、詐欺や不正な手段を用いずに築き上げた成功こそ、真の成功と呼べるものである。

誠実で正直な人でも一時的には成功から見放されるかもしれない。しかし、そんなときでも人としての誠実さだけは守り通さなければならない。

なぜなら、誠実な人格それ自体が何物にも代えがたい財産なのだから。

VII

お金と美徳

121

お金を軽蔑してはいけない

人がどのようにお金を儲け、貯蓄し、消費するかというのは、人生を生きていく上での知恵を試す最高のテストである。

もちろん、お金が人生の目的であってはならない。しかしその一方で、お金は快適に生活するための物質的基盤であり社会的繁栄の基礎でもある。その意味では、お金は決して取るに足らないものではないし、軽蔑すべきものでもないのだ。

122

お金は正しく使う

人が持つ最高の資質のいくつかは、お金を正しく使うということと密接に関係している。すなわち、お金を正しく使うということは倹約や節制など現実の生活において必要な美徳であるだけではなく、寛容、誠実、正義、自己犠牲の精神など、人格的な美徳をじっくり育て上げることとも密接に関係しているのである。

123

快適な暮らしに向けて努力することが人格向上につながる

正当な手段を使って快適な暮らしを手に入れようと努力することは、決して間違ったことではない。むしろ当たり前のことである。そのようにして快適な暮らしを手に入れられると物質的な満足を得られるばかりではなく、それは人格の向上にもつながる。

人生で成功するために一生懸命努力することは、それ自体が一つの大切な教育になるのだ。そうした努力は自尊心を刺激し、実務能力を引き出し、忍耐や耐久力などといった人格的美徳を鍛え上げてくれる。

124

世界を動かそうとする前に自分を動かせ

「将来のために現在の満足を犠牲にする」という克己の精神は、人生において大変大切である。しかし、それにもかかわらず、それは人が最も学べないことでもあるのだ。そうした精神を学ぶことなく安易に流れると、克己心や自助の精神についてはまったく無関心で振り返ろうともしなくなる。

ソクラテスは「世界を動かそうと思ったらまずは自分自身を動かせ」と語ったが、人は自らの悪習を直すよりも他者の非をあげつらうほうがよほど得意なのだ。

125

確実に成功するたった一つの道は4つの徳の実践

著名な政治家であるジョン・ブライト［＊］はかつて次のように語ったことがある。

「どんな人でも現在の仕事や生活環境が良ければそれを維持しようとし、反対に悪い場合はそれを乗り越えて改善していこうとするが、往々にして人はそうすることに失敗する。しかし、それを確実に成功させる方法が一つだけある。それは勤勉、倹約、節制、正直の4つの徳を確実に実践することである」

＊ John Bright（1811-1889）
イギリスの政治家。マンチェスター派の指導者の一人。コブデンとともに反穀物法同盟を組織して、穀物法廃止に成功。英仏通商条約を締結。商相、ランカスター公領相を歴任。エジプト干渉、アイルランド問題でグラッドストンと意見を異にし、1886年自由党を脱党した。

126

正しく稼ぎ、正しく使え

お金を稼ぐということは、人生における最大の重大事の一つである。しかしここで忘れてはならない大切なことは、お金は正しい手段で稼がなければならないということだ。正しい手段で稼ぐということは、世の中の誘惑に負けず真面目に努力して貯蓄に励み、自分に必要なものを得ることにほかならない。

また、お金は倹約して使わなければならない。それができるということは、その人が思慮に富み、先見の明があり、克己心を持った真の人格者であることを示しているのである。

127

倹約は快活と希望の源泉である

お金ですべての問題が解決するわけでも、またお金がすべてのことに役立つわけでもない。しかし、お金は衣食住などで満足した生活を送るためには絶対に必要であるだけでなく、自尊心や自立心を養う上でも欠かすことができないものである。

倹約してお金を貯めることは困窮に対する砦であり、人格に快活さを与え、希望を生み出す源泉ともなるのだ。

128

貯蓄の努力は人格を向上させる

貯蓄することによって世の中での自分の足場をより確固としたものにしようとする努力は、それ自体大変高貴で尊敬に値することである。そうした努力は人をより強くし、人格を向上させる。

そして、それは私たちにより大きな行動の自由をもたらし、将来何らかの行動を起こすときに大きな力となってくれる。

129

自立したければ倹約せよ

他者から何ら干渉されることも、また気兼ねすることもなく自立して生きていくためには、倹約を実践することが大切である。必要なことはただそれだけだ。

倹約するのに特別な勇気も優れた知性も必要ない。人並みの精神力と能力さえあればそれで十分だ。

つまるところ、それは家事など生活上の雑事を秩序立てて管理し、規則正しく生活し、節制に努め、無駄を省くということである。

130

節約とは本能に理性が打ち勝つことである

節約は、将来良いことが起こる日に備えて、目前の欲望を満たすことに抵抗するということである。

言い換えれば、それは動物的本能に理性が打ち勝つことを意味しているのだ。

131

節約は人を寛容にする

節約と吝嗇《りんしょく》とはまったく違うものである。なぜなら、節約は常に人を寛容にするが、吝嗇は人を狭量にしてしまうからだ。

また節約は決してお金をそのまま英雄視するようなことはない。節約はお金を物事をなすための有益な力であると見なすのである。

その意味で、節約とは思慮分別の娘であり、節制の姉妹であり、自由の母なのだ。まさにそれは自助の精神の究極の表現なのである。

132

浪費家の真の敵は自分自身である

倹約心のない人は結局落ちぶれてしまうことが多い。

浪費家は往々にして自分がうまくいかないのは世の中が悪いからだと批判する。しかし、実はそうした人の真の敵は彼ら自身なのである。自分自身の友だちにさえなれないような人を誰が友と呼んでくれるだろうか。

133

寛容さと気前の良さを忘れない

しかしそれと同時に、倹約しすぎて、しみったれた人間になることも避けなければならない。あまりにケチケチしすぎると、生活や世渡り全般において偏狭な人間になってしまい失敗することが多い。

正直であることが最良の策であるように、寛容さと気前の良さもまた人生を生きていく上での最良の策なのである。

134

借金だけは絶対するな

生涯借金地獄から抜け出せずに苦しんだ画家のヘイドン［*］は、ある青年に向けて次のように語っている。

「借金しなければならないような金でしか得られない楽しみには、決して手を出してはならない。借金をすることは自分の品格を貶《おとし》めることになる。もちろん、絶対に人に金を貸すなとは言わない。しかしそのために自分の借金が返せなくなるぐらいなら、人にも絶対貸してはいけない。とにかく、どんな状況になっても借金だけはするな」

* Benjamin Robert Haydon（1786－1846）
イギリスの画家。歴史画、肖像画を描いた。常に財政問題を抱え、借金未返済、詐欺などで訴えられ2度、投獄された。

135
貧困は幸福の最大の敵である

博識で有名なジョンソン博士も特に若い頃の借金は身の破滅につながるとして強く戒めた人で、次のような大変重く価値ある助言を残している。

「借金はちょっとした不都合なことに過ぎないなどとゆめゆめ考えてはならない。借金は災厄である。借金するほど貧しくなると、善いことがしたくてもできなくなるし、肉体的にも道徳的にも悪の誘惑に抵抗できなくなってしまう。貧困は幸福になる上での最大の敵である。それは自由を破壊し、美徳を実践することも不可能にしてしまう」

136

日々の入出金をしっかり管理する

自分の生活におけるお金の出入りをしっかり管理することは、人としての最も大切な義務の一つである。それは簡単な算数ができれば難しいことではない。節制というのは自分が所有する財産よりも少し下のレベルで生活するということである。そして、それを可能にするのは日々の生活計画を着実に実行していくことである。

有名な思想家のジョン・ロック〔*〕も強く助言したように、「毎日の金の出し入れをしっかり記録することほど、分相応の暮らしをする上で役に立つことはない」のだ。

* John Locke（1632-1704）
イギリスの哲学者、政治思想家。経験論の代表者。『人間知性論』は近代認識論の基礎をなす。『統治二論』で人間の自然権・革命権・社会契約説に基づいて名誉革命を擁護し、民主主義思想の発展に大きく貢献した。

137

誘惑は即座に断ち切れ

人生には幾多の誘惑が待ち受けている。特に若者はそうした誘惑にさらされやすい。しかし、誘惑に負けたら堕落は避けられず、それで人生は終わってしまう。そうした誘惑を拒絶する唯一の方法は、その場で決然と「ノー」と言うことだ。決してぐずぐずとその決断を先延ばしにしてはいけない。その場で即決しなければならないのだ。

138

勤勉はすべての幸運の母である

金儲けの秘訣については、これまでにも数多くの本が書かれてきた。しかし、世界のあらゆる国の諺が証明しているように、それに必要なことは「勤勉はすべての幸運の母である」、「苦労なくしては何も得られない」、「汗を流さなければ甘いものにはありつけない」といった、何世代にもわたり受け継がれてきた珠玉の英知をただ黙々と実行することである。

139

少額でもしっかり管理し、保険や貯蓄に回せ

せっかく重労働で貴重なお金を稼いだとしても、それを飲酒やその他あれやこれやのことで浪費してしまえば、家畜同然のような単調な仕事からいつまでも抜け出すことができなくなる。

その反対に、ペニー銅貨のような少額でもしっかり管理し、それを保険や貯蓄に回すようにすれば、のちに資産も増えて、将来の不安からも免れることができるだろう。

140

お金への間違った愛情は諸悪の根源である

世間には、財産を貯め込むことだけに情熱を傾ける人が非常に多い。たしかに、爪に火をともし貯め込めばお金持ちになることはできるだろう。

しかし、お金だけを貯め込むのは心が狭く貧しい者のすることだ。賢明な人は決してそのような悪習に陥らないように最大限注意しなければならない。

特に若い頃にこの悪習に陥ってしまうと、歳をとってからそれは貪欲という悪徳になってしまう。

お金に対する間違った愛情こそが諸悪の根源なのである。

141

お金を貯めるしか能がない憐れむべき人間になるな

世俗的な成功というのはどれだけ財産を貯めたかで測られることが多い。そして、それに成功した者は世間から褒め称えられる。しかし、そのような世俗的な成功を勝ち取ったからといって、その人が善良で高い人格の持ち主であるとは言えない。

お金を貯めるしか能のない人間でもお金持ちになることはできるだろう。しかし、そんな人間は品性の卑しい憐れむべき存在なのだ。

142

富める悪人よりも貧しい善人のほうがまし

「きちんとしている」というのは素晴らしいことだ。きちんとした人間は尊敬に値し、振り返って見るだけの価値がある。

しかし、そのようにきちんとしていることも、それが単に世間に対する見かけ上の体裁を取り繕っているだけのことであるなら何ら尊敬に値することではない。

富める悪人よりも貧しい善人のほうが、また豪邸に住む愛想のいい悪人よりも謙虚で慎ましい善人のほうがよほどましである。

143

人生の最高の目的とは人格を磨き上げること

人生の最高の目的とは何か。

それは心と体を鍛え上げ、人格を磨き上げることである。それこそが人生の唯一の目的であり、それ以外のものはすべてそれを達成するための手段に過ぎないのだ。

つまり、最高の快楽、富、権力、地位、名声を得たとしても、そんなことは人生の成功の証でも何でもないのだ。

144

人生の最大の成功とは社会にとって有益な仕事をすること

では、人生の最大の成功とは何か。

それは最高の人間性を獲得し、できるだけ多く社会のために有益な仕事をし、人としての義務を立派に果たすことである。それこそが富や権力、名声を得ることなどよりも遥かに高貴で立派な生き方なのだ。

単なる世俗的な成功などよりも、自分が持つ財産と能力の範囲内で最善を尽くして生きることこそ最も尊いことなのだ。

VIII

自己研鑽の精神

145

学校とは勉強の習慣を身につける場所である

「最良の教育とは人が自分自身に与える教育である」と、かつてウォルター・スコットは語ったことがある。

たしかにその通りで、学校教育というのは人生を通じて受け続ける教育のほんの始まりに過ぎないのであり、その最大の価値は人生において継続的に努力し勉強する習慣をつけることにあるのだ。

146

自ら勉強することで知識は身につく

他人から押し付けられた教育ほど身につかないものはない。自らの勤勉と努力によって得た知識だけが完全に自分の所有物となるのである。努力して勉強すれば、勉強した内容の印象はより鮮明になり、長く記憶に留めることができる。

自分で勉強するという能動的な姿勢こそが、力と強さを与えてくれるのだ。

147

優れた教師は生徒の自主性を開花させる

いつの時代も優れた教師というのは自己修養に重きを置き、生徒たちが自分の力で知識を習得できるように励ましてきた。すなわち、教室で話をする授業よりも実地に訓練することにより重きを置き、生徒自らが進んで学問に打ち込めるように仕向けてきたのである。だからこそ、彼らの行った教育は知識の断片や詳細を詰め込むだけの教育と比べて段違いに効果があったのだ。

148

勉強は精神を鍛え、労働は肉体を鍛える

高い教養と労働は決して相容れないものではない。むしろ適度な労働は健康に良く、人間の体質にも合っている。

勉強が精神を鍛えるのと同じように、労働は肉体を鍛える。すべての人が余暇と労働の両方を享受できるのが、社会にとっても最高の姿である。

149
鉄は熱くなるまで打ち込め

「鉄は熱いうちに打て」という諺があるが、それでは不十分である。鉄は熱くなるまで徹底して打ち込まなければダメなのだ。そうしてこそ初めて物事は成就するのである。

何事も粘り強く精一杯努力し、どんな機会も逃さず、怠惰な人なら無駄にしてしまうようなほんの少しの時間も有効に活用すれば、驚くべき成果を上げることができる。

150

努力するかぎり限界はない

有名な画家のジョシュア・レイノルズは勤勉の効用を心底信じ、どんな人でも粘り強く懸命に仕事に打ち込めば絶対に素晴らしい結果が得られると考えていた。また、彼は単調なつまらない仕事こそが天才へと通じる道であり、努力するかぎり画力も際限なく向上すると確信していたのである。

151

最初から簡単なことは何もない

どんな偉大な仕事も長年にわたる膨大な準備訓練の結果である。習熟して仕事が簡単に感じられるようになるには、熱心に仕事に打ち込むこと以外に方法はない。

人間も赤ん坊のときは歩くことでさえ難しく感じられるものだが、それも習熟することによって徐々に簡単に感じられるようになる。やり始めたときから簡単だと思えるようなことは何もないのである。

152

徹底して正確に学ぶ

何を勉強するにしても最も大切なことがある。それは何事も徹底して正確に学ぶということである。

知識の価値というのは、それをどれだけ蓄えるかということではない。それをどのように活用するかにかかっているのである。たとえ少ししか知識がなかったとしても、それが正確で完璧なものであれば、膨大な量の表面的な知識よりも遥かに役立つのだ。

153

あれこれ手を出すと雑な仕事しかできない

イグナチウス・デ・ロヨラ［*］の箴言《しんげん》の一つに、「一度に一つの仕事をしっかりする人間こそ誰よりも多くの仕事をする」というのがある。

あれもこれもと手を出すと、集中力が弱って、進歩を妨げることになり、結局は気まぐれで雑な仕事しかできない悪癖が身についてしまうことになる。

＊ Ignatius de Loyola（1491-1556）

スペインの宣教師。貴族出身のカトリック教徒で、パリ大学に学んだのち、フランシスコ・ザビエルとともにイエズス会を組織して布教に尽くし、特に東洋伝道に力を注いだ。

154

人生を成功させる3つの問い

人生を成功させるのは勉強量ではない。また、人を賢くするのも読書量ではない。大切なことは次の3つを常に問うことである。

すなわち、勉強していることが自分の追求している目的に合致しているか、その勉強に集中できているか、そして熱心に勉強に取り組む習慣ができているか。これら3つのことができていれば、間違いなく人生で成功できる。

155

謙虚な自信を持て

人生においては自信を持つことも非常に大切である。自信のなさは人生をより良きものにする上において大きな障害になる。

もちろん自信を持ちすぎることは問題だ。しかし、真に謙虚であれば、自分の持つ長所を正当に評価することができるようになる。謙虚な自信さえあれば、自分の長所を否定する必要などないのである。

156

勉強に安易な近道はない

「学問に王道なし」という有名な諺があるが、多くの人はこの諺を信じていないようだ。むしろその反対に、勉強には苦労しないで上達する安易な近道があると固く信じているようにさえ思われる。

実際、巷には12回の授業でフランス語やラテン語が習得できるなどといった宣伝文句が溢れているし、ある上流階級の貴婦人などは語学の勉強に際して、「動詞や分詞の変則的な使い方で私を苦しめないでね」と教師に注文をつけたほどだ。

157

人生で役立つ知識は努力してこそ手に入る

自分で勉強も努力もせずお手軽に知識を得ることは真の教育ではない。そうしたやり方でも断片的な知識を多少は頭に詰め込むことができるだろう。しかし、それでは決して精神を豊かにすることも、また人生で役立たせることもできないのだ。

158

努力だけが最高の知性を目覚めさせる

お手軽に得た知識でも、ほんの一瞬の興奮や印象をもたらすことはできるかもしれない。しかし、決してそれ以上のものにはならない。そうした知識は感覚的なものであり、知的なものではないからだ。

最高の知性とは、自分の力で精一杯努力したときに初めて目覚めるものであり、安易な勉強を続けているかぎりは永遠に眠ったままである。

159

お手軽に知識を得ると地道な努力を嫌悪するようになる

お手軽に知識を得ることは様々な悪に結びつく。そのようにして得た知識の悪の一つが浅薄さである。中でも最大の悪は、地道に、そして懸命に努力することを嫌悪するようになることだ。そうなれば、自ずと精神も劣悪で脆弱なものへと落ちていってしまう。

160

知識と知恵をバランス良く持つ

知識を得ることは、人生の荒波を乗り越えていく上でも非常に大切なことだ。しかし、そんな知識も、健全でしっかりした人生哲学や習慣がなければ役には立たない。

知識は十分持っているのに人格的には歪んでしまった人がどんなに多いことか。そうした人は学校で学ぶ知識はたくさん持っているが、人生を生きていく上で必要になってくる実際的な知恵には欠けているのだ。

161

実際の体験が人格を形成する

単に知識を獲得することと、知恵や理解力を獲得することとはまったく違うことである。読書から得られるのは知識であり、実際の生活から得られるのが知恵である。

もちろん優れた本を読むことは大変有益であり、それによって学ぶことも多い。しかし、そうした読書も精神を鍛える方法の一つに過ぎない。

人格形成においては、自分で実際に体験することによって他者の素晴らしい手本を学ぶほうがよほど大切である。

162

知識は使ってこそ意味がある

教養の目的というのは、自分の頭を他者の思想や考えで満たす知識の受け皿にすることではない。教養の目的とは、知力を高め、有意義な人生を送ることである。

人生においてはどれくらい多くの知識を持っているかということよりも、そうした知識を人生のどんな目的のために、どのように使うのかということのほうが遥かに重要なのである。

163

自尊心を高めろ

自尊心は人間が身にまとう最も高貴な服である。そうした自尊心は何事にも増して私たちの精神を奮い立たせてくれる。

古代ギリシャのピタゴラス［*］は弟子に「汝自身を敬え」と説いたが、自尊心さえあれば官能に溺れて肉体を汚したり、卑屈な考えで精神を貶めたりすることはない。

* Pythagoras（前570頃－前496頃）
古代ギリシャの哲学者、数学者、宗教家。サモス島の生まれ。数を万物の根源とした。オルフェウス教的神秘主義を説き、南イタリアのクロトスで宗教・学術結社、ピタゴラス教団を組織した。ピタゴラスの定理を発見。

164

自己修養は立身出世の手段ではない

世の中には自己修養を立身出世の手段としか考えていない人がいるが、これは非常に下劣な考えである。そんなふうに考えるかぎり、いくら勉強しても無駄になるだけだろう。勉強によって知恵や知性を身につければ、どんな仕事にも素早く対応でき、より効率的な働き方ができるようになる。また自分の手だけではなく頭も使って仕事をすれば、より明確な目的を持って社会的にも有意義な仕事をすることができるようになるだろう。

165

ドングリの実は一夜で樫にはならない

いくら自己修養に努めたとしても必ずしも世俗的な成功を得られるわけではない。実際、多くの人が一生懸命頑張ったにもかかわらず、それに見合った成功を得られていないと落胆し、やる気をなくしている。おそらく、そうした人たちはドングリの実を植えさえすれば、それがすぐに大きな樫の木に成長するとでも思っているのだろう。

166

よく学び、ほどほどに遊べ

生きていく上では楽しみも必要だ。適度に楽しむことは健全であり、勧められるべきことである。

しかし、過度に楽しむことは人格や精神を弱めることになるので、注意して避けなければならない。「遊ばずに勉強ばかりしているとジャックは退屈な少年になってしまう」という有名な諺があるが、遊んでばかりで勉強しなければジャックはもっと悪い少年になってしまうだろう。

167

困難こそ人生の最良の教師である

人格を形成するのは、安楽ではなく努力である。安易さではなく困難である。どんな人も、人生において成功を勝ち取るまでには数多くの困難に遭遇し、それに打ち勝ってきたのである。

人生における失敗がしばしば私たちにとっての最良の経験となるように、そうした困難こそが私たちにとっての最良の教師となるのである。

168

失敗は成功への道標である

人は、成功からではなく失敗から遥かに多くの知恵を学ぶものだ。つまり、私たちは、何をしてはいけないかを見つけ出すことによって、うまくいく方法を発見するのである。

名医として有名なジョン・ハンター〔*〕は「医者が自分たちの成功例だけでなく失敗例をも公表する勇気を持たなければ、外科手術の技術は決して向上しないだろう」とよく語っていたが、これはまさにそのことを言っているのである。

* John Hunter（1728-1793）
イギリス、スコットランドの外科医、解剖学者。新しい術式を創案して外科手術の発展に貢献し、解剖学的業績をあげた。生涯を通じて収集し続けた各種動物の標本、先天奇形や実験結果の標本など膨大な数の収集品は、すべてイギリス政府によって買い取られ、ハンター博物館が創設された。

169

指摘や苦言は大いに歓迎せよ

人生を生きていく上で最も気をつけなければならないことの一つは、過大で分不相応な称賛や、あまりにも好意的すぎる評価を受けて自分の真の実力を過信してしまわないようにすることだ。

作曲家のメンデルスゾーンは自分の曲が初めて演奏されたとき、友人や批評家に次のように言ったそうである。

「思う存分にこき下ろしてくれたまえ。君が気に入ったところなどは聞きたくない。気に入らなかったところだけを言ってくれ」

170

意味のある敗北が力を与えてくれる

「将軍を鍛え上げるのは勝利ではなく敗北である」とよく言われるが、実際これは真実である。ワシントン[*]は将軍として戦争で勝つよりも負けることのほうが多かったが、最終的には勝利を勝ち取った。また、ローマ人も多くの戦争で勝利したが、それらの戦争でも最初のうちはほとんど負けていたのだ。

* George Washington（1732 - 99）
アメリカ建国期の軍人、政治家。アメリカ合衆国初代大統領（在任 1789 - 97）であり「建国の父」と言われる。独立軍総司令官としてアメリカ独立戦争を勝利した。大統領就任後は、連邦政府の基礎の確立に努力し、フランス革命に伴う英仏戦争に対して中立を保った。

171

逆境こそ真の力を発揮させてくれる

困窮はたしかに苦しいことだ。しかし、そうした困窮こそが最高の教師であることがいずれわかるようになる。

人は逆境に置かれるとひるんでしまう。しかし、そうしたときこそ勇猛果敢に戦わなければならない。私たちの真の力というのは、まさにそうした逆境の中でこそ発揮されるのである。

172

うまくいっているときほど気をつけろ

逆境は人を鍛え強くしてくれる。また人は、そうした逆境に比較的よく耐えることができるのだ。そういう意味では、逆境はそれほど危険なものではない。

私たちにとって本当に危険なのは、むしろ成功して繁栄している順境のときである。普通の精神的強さしかない人は、暖かすぎる太陽の光を浴びると、自分を守るべきコートまですぐに脱ぎ捨てて無防備になってしまうのである。

173

成功と繁栄は高慢心を助長するが、失敗と逆境は勇気を奮い起こさせる

逆境よりも順境の中で耐えることのほうがよほど強い自制心と精神力が必要になる。もちろん人生で成功したことによってより寛容で温かい人になることもある。しかし、富を得たことが人間性に否定的な効果を生み出してしまう場合も多い。特に心が卑しい人は富を得るほど卑劣で高慢になってしまう。

成功と繁栄は高慢心を助長させる一方、失敗と逆境は強い決意と勇気を奮い起こさせてくれる。

174

達成感は難しいからこそ味わえる

人生という戦いは困難と苦戦の連続である。

しかし、そうした人生の戦いにおいて苦労せずに勝ったところで、そこには何の名誉もない。困難がなければ真の成功などなく、克服すべき困難がないところに達成感はない。

人生におけるすべての経験は、果敢に挑戦していけばどんな障害も乗り越えられることを証明している。

175

やってみなければわからない

人生という舞台では、挑戦することが最も大切なことだ。挑戦してみるまではどんな結果になるか誰もわからないのである。しかし、それにもかかわらず、ほとんどの人は挑戦せざるを得ない状況に追い込まれるまで何もやろうとはしない。

「こんなこと、あんなことができたらいいなあ」とため息をつく人は多い。しかし、そんな願望だけでは何事も永遠に達成できないだろう。

176

1000回願うよりも1回の実行に価値がある

願望は行動に移すことができるまでよく熟させて、発酵させなければならない。そのように熟させた上であれば、一度でも果敢に挑戦することは1000回願うこと以上に価値がある。

「もし」という言葉は無力と絶望の呟《つぶや》きである。その言葉は可能性という豊かな土壌に垣根を張り巡らせ、物事の実現を妨げてしまう。

177

学ぶのに遅すぎることはない

歴史が証明しているように、世界を動かし主導していく人物というのは、決して天分に恵まれた天才ではない。確固とした目標を持ち、それに向かってたゆまず勤勉に努力し続ける人である。

いくら小さいときに優秀で早熟だったからといって、それがのちの成功を保証するわけではない。学校では成績が悪くパッとしなかった生徒が、後年になって優等生たちをも遥かに追い抜いていった例は数多いのである。

178

ゆっくりでも着実な人が最後に笑う

有名な教育家のアーノルド博士［*］が子供について語った次の言葉は、大人にも大いに当てはまる。すなわち、「少年の差というのは才能の差というよりもむしろ行動力の差である」。

忍耐力さえあれば行動力はすぐに習慣となる。どんな劣等生でも忍耐力と勤勉ささえあれば、そうした忍耐力や勤勉さを持たない優等生を必ず凌駕することができる。ゆっくりでも着実に歩を進める者こそが最終的に人生というレースで勝つのだ。

＊ Thomas Arnold（1795－1842）
イギリスの教育家。ラグビー校を紳士教育の学校に改革し、超一流の水準に引き上げた。年長生が年少生を指導するいわゆるプリーフェクト制度はその後、イギリスの多くの中等学校に導入された。彼の死後に新設されたパブリック・スクールには、ラグビー校をモデルにしたものが多い。

IX 模範となる人々

179

私たちの日々の行いが未来の社会をつくる

生命にはある種の不滅性がある。どんな人でも一人きりで生きていくことはできない。人は社会の相互依存関係の中で生きているのであり、各個人の善行の総体が社会全体の栄枯盛衰を決定することになる。

現在は過去に根ざしており、私たちの祖先の生活と模範は現在の私たちに大きな影響を及ぼしている。それと同じように、私たちの現在の日々の行いは将来の社会のあり方に大きく影響することになるのだ。

180

人間の行為は不滅である

現在に生きる人間は過去何世紀にもわたる文化によって形づくられ、育まれてきた果実にほかならない。また、私たちの行動規範は遠く離れた過去と未来とを結びつける磁気の役割を果たしている。

人間の行動は完全に滅び去ってしまうことはない。たとえ肉体は埃や空気となって消え去ったとしても、その善悪の行為は死んでからも将来の世代に大きな影響を与えていくことになるのだ。

181

人生を道徳の学校にするか悪の巣窟にするかは自分次第

人生という仕事場は勤勉や学問、さらには高い道徳を教えてくれる学校になることもあれば、その反対に怠惰や愚行、堕落を教える学校になることもある。

人生がそのどちらの学校になるかは、本人が善行の機会をどのように利用するかにかかっているのだ。

182

立派な人生は最良の遺産である

立派に過ごした人生というのは誠実な人格によって支えられる。それは自分の子供たちや社会に対して素晴らしい財産を残すことになる。そうした立派な人生や人格は美徳の最も雄弁な姿であり、悪徳への最も厳しい拒否の表現でもあるのだ。

183

自ら先頭に立って模範となれ

人を動かして何かしてもらいたいと思うなら、単に言葉で言うだけではうまくいかない。実際に自ら行っているところを見せて手本を示さなければならない。

単に言葉で語るだけというのは雄弁とは正反対の悪い雄弁であり、それだけでは人を納得させることはできない。大切なことは言葉を使った雄弁さではない。自ら先頭に立って模範を示す具体的な行動なのだ。

184

良い模範は生きた知恵である

人格教育で最も重要なことは、誰を模範にするかということだ。私たちの人格は無意識のうちに自分たちの周りにいる人間の性格、態度、習慣、意見などによって影響され形づくられている。

他者の良い模範というのは実際の行動を通じた教えであり、そこには生きた知恵がある。

185

友だち選びは慎重に

若い頃は特にどのような友だちを選ぶべきかということを慎重に判断することが大切だ。若者には相互に磁石のように引きつけ合うところがあり、付き合っているうちにお互いに影響し合って性格や人柄が似てくる。

良き友と付き合えば必ず良い影響を受ける。それはあたかも、訪れた場所に咲いた花や草の香りが旅人の衣服に染み付くのと同じである。

186

周りに素晴らしい影響を与える人格者であれ

高貴な人格者というのは周りにいる人々に素晴らしい影響を与えるものだ。私たちはそうした人格者の力によって無意識のうちに精神的に高められ、その人と同じように物事を見て感じるようになる。それほどまでに精神の作用・反作用の力は大きく、まさに魔法のような働きをするのである。

187

伝記の中の偉人たちに学べ

伝記には人格者の高貴な手本や模範となることがたくさん盛り込まれている。伝記の中では偉大な先人たちが記録という形で今も生き生きと生き続け、彼らの成した偉大な仕事や業績が蘇ってくる。

そうした伝記の中の偉人たちは今なお私たちの居間のテーブルのそばに座り、私たちの手をしっかりと握りしめてくれるのだ。

188

伝記は偉大な精神が脈打つ生命の活力

偉人の伝記には、今を生きる私たちにも有益で貴重な種がぎっしりと詰まっている。そうした偉人の話は生きた声であり、英知である。詩人ミルトン［*］の言葉を借りれば、それは「偉大な精神が脈打つ貴重な生命の活力」なのである。

* John Milton（1608-74）
イギリスの詩人。宗教改革の精神の復興、政治的自由、共和制などを支持した。失明や一時投獄などの悲運に見舞われながらも、深遠・雄大な長編叙事詩『失楽園』『復楽園』を完成させた。

189

良い友だちのように良書と付き合う

立派な人格を形成する上においては、良い友だちを持つことが大いに有益である。それと同じように、良い本を読むことも極めて大切である。

もちろん良書を読むことだけでも有益である。しかし、それだけで終わらせるのはもったいない。良書を読むということに関して特に重要なのは、そこで発見した最良の部分を自分自身で実際に真似てみることである。

190

快活に前向きに生きる

人生において最も大切なことの一つは、快活さを決して忘れないことである。快活さは人間の精神に弾力性を与えてくれる。

快活ささえあれば恐怖心も逃げ出し、どんなに大きな困難に遭遇しても絶望することはない。

快活さは精神に希望を与え、人生をより良く、前向きに生きていこうとする気持ちを起こさせてくれる。

X

人徳を身につける

191

立派な人格は富よりも遥かに貴い

立派な人格は、人生の王冠であり栄光である。それは人が所有できる最も高貴なものであり、それ自体が一つの優れた価値である。またそれは世の中の人から善意や信用を得るための財産でもある。

富を得れば嫉妬されることもある。しかし、優れた人格者は世間の嫉妬を受けることもなく、名誉だけを得ることができる。その点でも立派な人格は富よりも遥かに貴いのだ。

192

人格は力である

「知は力なり」という有名な言葉があるが、より高邁な意味で真実を表しているのは「人格は力なり」ということだろう。

温かい心の欠如した精神、行動の伴わない知性、善良さに欠けた小賢しさ。たしかにこうしたものも一つの力ではある。しかし、こうした力は世の中に害悪を及ぼすことにしか、その力を発揮できないのである。

193

善を行い悪に抵抗する人間的強さを身につける

正直、誠実、善意。これらの資質こそが人格の本質を形成していく。こうした素晴らしい資質に目的意識が加われば、それは何事にも勝る強みになる。そうした資質をあわせ持った人には、善を行い悪に抵抗する強さがある。どんな困難や不幸に遭遇しても耐え抜く強さがある。

194

高みを目指せ

たとえ実現することはできないとしても、人は人生においてできるだけ高い目標を持ったほうがよい。政治家のベンジャミン・ディズレーリ〔*〕は言っている。

「顔を上げて上を見ようとしない若者は、いつも下ばかり向いているような人間になるだろう。空高く飛び立とうとしない精神は、地べたを這いつくばる運命をたどることになるのだ」

* Benjamin Disraeli（1804－81）
イギリスの政治家。保守党党首。1868年と74年の2度首相となる。ビクトリア女王の信任を得て帝国主義政策を展開。スエズ運河を買収し、イギリス領インド帝国を成立させた。文人としても有名。

195

努力は決して裏切らない

生活と思考の両面で高い目標を持った人は、そうした目標を持たない人よりも成功する可能性が確実に高くなる。

人生で最高の結果を得ようと一生懸命に努力する人は必ず、人生を出発させた地点よりも遥かに遠くの地点まで到達することができる。

もちろん目標を実現できないこともあるだろう。しかし、そんな場合でも、努力は決して裏切ることはなく、永遠に恩恵をもたらしてくれるだろう。

196

誰も見ていなくても、常に正しい行動をする

真の人格者は、人が見ていようがいまいが常に正しい行動をするものだ。

良心は人格を守ってくれる護民官であり、生き方に規律を与えてくれる強力な力になる。

しかしその一方、いったんこうした良心を失ってしまえば、自分を守ってくれるものがなくなってしまい、誘惑の餌食となり果てる。

197
美徳とは日々の正しい行動の集大成である

良い習慣を身につけることができれば、人格はより強くなり磨き上げられる。昔から言われているように、人間は習慣の束であり、習慣は第二の天性である。

詩人のメタスタージオ[*]は行動や思考における繰り返しの力を強く信奉していたが、こうした習慣の重要性について、「人間においてはすべては習慣であり、美徳でさえもそれは習慣に過ぎないのだ」とまで言っている。

* Pietro Metastasio（1698－1782）
イタリアの詩人、オペラ台本作者。アルカディア派最大の詩人として活躍。多くのオペラ・セリア（正歌劇）を書き、その完成者とされる。優しい憂愁に満ちた調子のうちに、18世紀貴族社会の華やかさを見事に表現した。代表作『見棄てられたディドーネ』『ウーティカのカトー』など。

198

習慣の力は強力である

あるロシアの作家は、「習慣というのは真珠の首飾りだ。結び目をほどいてしまえば、全体はバラバラになってしまう」と語ったことがあるが、これは習慣の本質をうまく表現している。

習慣ができ上がるときは大した努力もしないので、無意識のうちにでき上がってしまうことが多い。しかし、いったん習慣ができてしまうと、良い習慣にせよ悪い習慣にせよ、そこから抜け出すことは簡単ではない。それほど習慣の力というのは強力なのだ。

199

物事の明るい面を楽天的に見る

私たちは、幸福でさえも習慣化することができる。

世の中には物事の明るい面を見ようとする人もいれば、暗い面ばかりを見てしまう人もいる。私たちは不幸や後退に目を向けるのではなく、幸福や進歩をもたらす考えに集中する意志力を持っている。

物事の明るい面を楽天的に見る習慣を身につけることは、知識を身につけることよりも遥かに大切なことだ。

200

思いやりを持ち礼儀正しく接する

立派なマナーは、私たちの行動を引き立たせてくれる装飾品のようなものだ。親切な言葉を発したり、思いやりのある行動をするには、それにふさわしいやり方がある。そうしたやり方をすれば、私たちの言動はより価値が増す。その逆に、いくらこちら側に好意があったとしても、気乗りしないような態度や恩着せがましい態度をとってしまえば、相手は決してそれを好意とは受け取らないだろう。

201

人は違って当たり前と受け入れる

正しいマナーを表現する一つの方法は、人の意見に十分耳を傾け配慮することである。相手の話に耳を傾けず、自分のことばかり話すことは、度が過ぎると独善に陥ってしまう。そして、そうした独善が最悪の形で表れるのが強情と傲慢である。

人はそれぞれ意見が違って当然である。違う意見もよく聞いて、自分と違いがあることを受け入れようではないか。

202

激しい言葉は癒しがたい心の傷を残す

自分の信念や意見を主張するときには穏やかに話すべきだ。殴り合ったり、激しい言葉を吐いたりする必要は何もない。激しい言葉は往々にして相手に強いダメージを与え、癒しがたい心の傷を残すだけだ。

203

心豊かな人は、貧しくても実際にはすべてを持っている

富や地位は高貴な人格とはまったく関係がない。貧しくても高貴な精神を持った真の人格者はたくさんいる。そのような貧しくても心豊かな人は、金持ちでも心貧しい人よりもすべての点において勝っている。

これについて聖パウロ［*］は次のように語っている。

「貧しくとも心豊かな人は何も持っていないようだが、実際にはすべてを持っているのだ。それに対して、金持ちであっても心貧しい人はすべてを持っているようだが、実際には何も持っていないのだ」

* Paulos（前10頃－65頃）
1世紀のキリスト教の使徒、聖人。ユダヤ人で熱心なパリサイ派であったが、復活したキリストの声を聞き、回心して使徒となった。キリスト教のローマ帝国内への普及に貢献し、ローマで殉教した。その14の書簡は『新約聖書』の重要な部分をなす。

204

真の勇気と優しさは一体である

真の人格者は正直で決して嘘をつかない。そうした人格者にとっては、正直さこそが生きていることの最高の栄冠であり、真っ当な人生を送る上で最も大切なことだと考えている。

真の勇気と優しさは手を携えて進んでいくものだ。勇気ある者は寛容であり度量が広く、人に対して不寛容であったり残酷であったりすることはない。

205

他者に親切であれ

人に対して親切であるかどうかということは、その人が人格者であるかどうかを見極める最高の指針である。

自分の部下であれ同僚であれ、他者の感情に十分配慮するということが、人格者の行動のすべてを律している。そうした人格者は人の弱点や失敗に対して寛容で思いやりがあり、決して人を非難するようなことはない。

本書の注釈は、以下に挙げた辞・事典を参考に編集部が作成いたしました。
『ブリタニカ国際大百科事典 小項目事典』（ブリタニカ・ジャパン）
『日本大百科全書（ニッポニカ）』（小学館）
『精選版　日本国語大辞典』（小学館）
『百科事典マイペディア』（平凡社）
フリー百科事典『ウィキペディア（Wikipedia）』

購入特典

紙幅の都合上、残念ながらカットした未収録の
言葉を17ページ分お届けします。
下の二次元コードからダウンロードしてください。

特典ページURL

https://d21.co.jp/special/selfhelp/

ログインID

discover2939

ログインパスワード

selfhelp

超訳 自助論 自分を磨く言葉
エッセンシャル版

発行日　2023 年 3 月 25 日　第 1 刷

Author　サミュエル・スマイルズ

Translator　三輪裕範

Illustrator　市村讓

Book Designer　LABORATORIES

Publication　株式会社ディスカヴァー・トゥエンティワン
〒102-0093　東京都千代田区平河町2-16-1
平河町森タワー11F
TEL　03-3237-8321（代表）　03-3237-8345（営業）
FAX　03-3237-8323
https://d21.co.jp/

Publisher　谷口奈緒美

Editor　藤田浩芳　元木優子

Proofreader　文字工房燦光

DTP　株式会社RUHIA

Printing　日経印刷株式会社

ISBN978-4-7993-2939-9